La Belgique et son Histoire

Louis de Carné

La Belgique et son Histoire

De la révolution à la constitution d'une nation
indépendante

Editions Le Mono

Collection «Les Pages de l'Histoire »

Les pages du passé servant de guide au présent et à l'avenir.

© Editions Le Mono, 2016

ISBN : 978-2-36659-225-2
EAN : 9782366592252

Première partie
La Belgique, sa Révolution et sa Nationalité.

Chapitre 1

Un étrange phénomène se produit en Europe : au moment où les nationalités s'effacent sous l'influence des idées générales, et semblent disparaître sous un niveau commun, un peuple se lève qui réclame son admission au rang des états indépendants, en arguant d'un titre que les conventions diplomatiques ont méconnu pendant quatre siècles. Au moment où les grands états deviennent un besoin tellement senti, que le système entier de l'Europe converge vers quelques centres principaux, une nation se fractionne et déchire le contrat d'union qui lui assurait une haute importance politique et commerciale. Ces vœux de divorce ont-ils pris leur source dans des théories révolutionnaires ou dans un sentiment vraiment intime ? L'espoir de constituer une nationalité belge a-t-il un fondement dans l'histoire, un point d'appui dans le génie populaire ? Ce désir est-il descendu de la conférence de Londres au sein des foyers domestiques ?

Il se fait de nos jours tant et de si vaines tentatives pour suppléer par l'élaboration artificielle à la vie réelle qui nous échappe, qu'il est fort naturel d'attendre, et fort légitime de douter. Dans un temps où l'on a vu l'art s'évertuer à créer par sa seule force une poésie, et même une foi sociale et religieuse, on a pu se demander si la nationalité belge, assise sur le piédestal de soixante-dix protocoles, n'était pas aussi l'une de ces œuvres sans lendemain, entreprises pour échapper à des complications menaçantes.

La solution d'un pareil problème gît bien moins dans le présent que dans le passé et dans l'avenir. Pour qui n'étudie ce pays que sous sa physionomie du jour, que par l'aspect sous lequel il est donné à l'étranger de l'entrevoir ; pour qui n'observe la Belgique que dans ses journaux et sa tribune, échos affaiblis des nôtres ; dans ses théâtres, où trône M. Scribe ; dans les salons de Bruxelles, parés des contrefaçons de nos modes parisiennes, comme ses cabinets de lecture sont remplis de nos contrefaçons littéraires, il est facile de prononcer que la nationalité belge n'existe que dans les estaminets ; que ce peuple, qui a reçu durant vingt ans l'indélébile empreinte de la grande nation, ne peut manquer de lui revenir avec l'occasion et du courage. Mais, pour peu qu'on se prenne à méditer sur les longs siècles écoulés dans la persévérante poursuite d'une indépendance que l'état de l'Europe rendit impossible jusqu'à nous, et sur les sanglantes réserves par lesquelles la Belgique, à chaque domination étrangère, rappela ses droits méconnus et violés ; et qu'en étudiant les mœurs et les institutions de ce pays, on apprécie la portée de certains principes, le résultat de certaines influences ; si l'on pénètre au-delà de cette enveloppe, sorte de reliure par où toutes les nations se ressemblent comme tous les livres, alors on sent que ce peuple pourrait se créer un avenir ; que son sort dépend plus de l'habileté des hommes politiques que de l'inexorable fatalité des événements. Enfin, en examinant de plus près cette surface terne et plane, une sorte d'intérêt sympathique s'éveille, et la question devient aussi importante au point de vue moral, que sous le rapport politique.

La Belgique est une médaille fruste dont la légende est effacée sous le vert antique qui la recouvre. Nous lirons cette légende dans l'histoire ; nous chercherons le mot d'une révolution récente, si complexe en apparence et pourtant si simple dans son principe ; nous nous demanderons, sous quelles conditions le nouvel état créé par l'assentiment de l'Europe peut aspirer à une vie propre et à une action politique. Je traduirai mes impressions, j'exposerai mes doutes, car j'en conserve beaucoup, peut-être parce que j'ai étudié le sujet sous beaucoup de faces, et que je songe moins à résoudre le problème qu'à le bien poser. Je citerai peu de noms propres ; je ne me prévaudrai d'aucunes confidences ; elles resteront un souvenir précieux pour mon cœur, et je tâcherai qu'elles ne m'inspirent de partialité pour personne.

En vain la nature prodigua-t-elle ses plus heureux dons à ces provinces, que le Rhin enlace comme une ceinture, et où des fleuves aux eaux paisibles et profondes portent de toutes parts l'industrie et la fécondité ; en vain la sueur de l'homme fit-elle germer d'abondantes moissons sur ce sol, dont les régions souterraines livrent à son génie de si puissants instruments de richesse et de travail ; cette terre, qui se couvrit de populeuses cités, où la foi catholique et la liberté municipale élevèrent de concert tant d'impérissables monuments, ne put cependant porter un peuple à maturité. L'homme s'y développa dans sa force et son activité ; la cité y naquit avec ses affections énergiques et concentrées ; la patrie, cette haute et mystérieuse unité, ne fleurit point dans ces contrées que la nature a tout fait pour réunir, et que les hommes ont tout fait pour disjoindre.

Après avoir donné au royaume des Francs ces maires du palais, tige de la plus glorieuse de ses dynasties, les provinces belges se morcelèrent sous les successeurs de Charlemagne, faibles héritiers d'une puissance que le grand empereur lui-même n'aurait pu maintenir longtemps. Lothaire baptisa de son nom un royaume sans avenir, pendant que Charles-le-Chauve ajoutait à ses autres états l'Artois et la Flandre. Cette division primitive fut la source des longs malheurs de ce pays, car l'empire d'Allemagne et la grande monarchie naissante de l'Occident prirent pied, dès la fin du IXe siècle, sur ce sol, qui devait être l'objet de leur convoitise et de leurs combats. La lutte du midi contre le nord, du génie français contre le génie germanique, commence à Bouvines pour ne finir qu'à Waterloo. Entre ces deux points extrêmes, que de stations funèbres, que de tombes ouvertes pour d'innombrables générations ! Lisez seulement les noms que deux siècles ont ajoutés à cette galerie mortuaire Steinkerke, Senef, Nerwinde, Ramillies, Rocoux, Lawfeldt, Walcourt, Fontenoi, Fleurus, Jemmapes, journées diverses de cette longue guerre commencée contre la France de Philippe-Auguste par Jean-sans-Terre et par l'empereur Othon !

Si les fiefs composant les provinces belges et hollandaises avaient constamment relevé de la couronne impériale, ces contrées auraient fini par former des cercles du saint empire ; et par l'origine germanique de presque toutes ces populations, elles se seraient fondues dans la nationalité allemande, à l'exemple des électorats des bords de Rhin. Mais la Flandre et le Hainaut se trouvèrent, dès l'origine, engagés dans le système français, et le droit féodal, par ses complications inextricables, donna, à l'ouverture de chaque succession, des titres ou des prétentions aux vassaux respectifs des empereurs et des rois de France, sur les nombreuses subdivisions territoriales dans lesquelles s'était fractionnée la souveraineté de ces provinces. C'est ainsi que, soumis deux influences contraires, également attirés par deux centres de gravité, les Pays-Bas restèrent sans cohésion, alors que la nature semblait les destiner à former une unité imposante.

Pendant qu'en France l'activité sociale se concentrait graduellement au centre de l'état, en Belgique elle s'éparpillait à la circonférence, et ses manifestations, pour être infécondes, n'en étaient pas moins éclatantes. Sur cette terre de franchises en même temps que de chevalerie, le noble et le bourgeois grandirent côte à côte, sans qu'un troisième pouvoir s'élevât au-dessus d'eux pour établir l'harmonie, en fondant sur cet antagonisme l'unité politique. Au dehors, deux suzerainetés ennemies ; au dedans, des maisons princières et de grandes communes sans royauté ; c'est-à-dire des forces hostiles sans modérateur et sans contrepoids : telle fut la double cause devant laquelle avortèrent les destinées promises à ce beau pays.

Le nom des comtes de Flandre et de Hainaut, de Luxembourg, de Bouillon, de Namur et de Gueldres, des ducs de Brabant et de Zélande, brillent dans les annales du moyen-âge, à l'égal de ceux d'aucun autre paladin ; mais leur sang est stérile, comme leur gloire, et leurs maisons s'éteignent bientôt dans la souveraineté de cette maison de Bourgogne, qui ne sut pas non plus se nationaliser.

On voit, aux croisades, les guerriers flamands, supérieurs en civilisation, en richesse, à presque tous ceux de la chrétienté, prendre leur part de ces grands combats et de cette vie d'aventures, sans que l'influence politique de ces évènements, si importante dans les autres états de l'Europe, soit très sensible aux bords de l'Escaut et de la Meuse. Godefroy et Eustache de Bouillon, Engelbert de Tournay, Robert de Flandre, dit l'*Épée des Chrétiens*, s'élancent les premiers sur les bastions de Solyme ; un prince belge, *avoué du saint Sépulcre*, refuse de ceindre sa tête d'une couronne d'or là où le Sauveur du monde avait porté la couronne d'épines ; et, par une faveur qu'il reçut entre tous les héros chrétiens, ce roi sans diadème, avec Baudouin son frère et son successeur, attend le jour de la résurrection au pied du seul monument

Qui n'aura rien à rendre au dernier jugement !

Un autre Baudouin conquiert en passant le trône de Constantinople, pendant qu'une poignée de chevaliers flamands arrache aux Sarrasins le royaume de Portugal pour le donner au premier des Alphonse. Gui de Namur suit saint Louis aux ruines de Carthage ; et à la bataille de Nicopolis, dernière lueur du feu des croisades, dernier soupir de la chevalerie, nombre de guerriers flamands périssent sous le cimeterre des Turcs avec le moyen-âge qui s'en va. La noblesse belge a donc grandement payé sa dette à l'histoire avec Godefroy de Jérusalem, et à la légende avec les quatre fils Aymon.

La bourgeoisie flamande et brabançonne croissait en même temps en richesses, en franchises et en libertés ; ses ateliers alimentaient le commerce du monde ; les villes belges levaient des armées plus nombreuses et mieux pourvues que celles d'aucun roi de la chrétienté, leurs citoyens traitaient de pair avec les princes, et la puissance des Artevelde, si comiquement transformés en sans-culottes, précéda de plus d'un siècle celle des Médicis.

Mais c'est en vain que ce noble courage se déploie au soleil d'Orient, que cette activité se développe dans les comptoirs de Gand et de Bruges ; en vain les seigneurs sont-ils mainte fois vaincus par ces cardeurs de laine qui succombent à leur tour aux champs de Rosebecque et d'Othée ; il manque un élément pour féconder tout cela : la Belgique n'a pas de dynastie souveraine qui puisse servir de pivot à l'unité nationale et grandir à l'ombre de ces déchirements.

Au commencement du XVe siècle, ce pays parut avoir trouvé cet élément constitutif et entrer enfin en possession de ses grandes et libres destinées. Peu après la bataille de Rosebecque qui avait abaissé pour longtemps la fierté des gens de Gand, le comte de Flandre, Louis de Marie, laissa en mourant ses possessions au duc de Bourgogne, Philippe-le-Hardi, son gendre. Philippe-le-Bon, petit-fils de ce prince, réunit à ses vastes états, soit à titre héréditaire, soit par transaction avec les possesseurs ou avec l'empire dont la plupart de ces fiefs relevaient, le Brabant, le Limbourg, le comté de Namur, le marquisat d'Anvers ; il imposa à Jacqueline de Bavière la cession des comtés de Hainaut, de Hollande et de Zélande ; et la réunion de presque toutes ces provinces sur une seule tête se trouva dès-lors à peu près opérée.

La maison de Bourgogne reçut la plus belle et la plus sociale mission qui peut-être ait jamais été donnée à une dynastie, mission de paix et d'équilibre européen qu'elle parut rarement comprendre, et dont elle fut détournée par ses intérêts de famille en France, durant les règnes agités de Charles VI et de Charles VII. La Belgique n'était pas seule intéressée à ce que ces puissants princes, réglant le cours de leur ambition, fissent de ce pays le centre d'une domination indépendante et durable, qui se fût étendue de la Manche et de la mer du Nord aux bords du Rhin et de la Moselle ; cette cause était celle de l'Europe, celle de la civilisation tout entière.

En méditant sur les changements qu'aurait entraînés dans la constitution de l'Occident l'établissement d'un royaume de Bourgogne au XVe siècle, on est conduit à regretter amèrement qu'une telle œuvre n'ait pas été comprise, ou qu'elle ait échoué contre les circonstances. La Hollande, la Belgique et toute l'Allemagne rhénane réunies sous un même sceptre, en séparant la France de l'Empire, auraient évité les longues guerres de l'Espagne contre ses possessions insurgées, de la maison de Bourbon contre la maison d'Autriche. Cet établissement conservateur eût rendu impossibles Charles-Quint et Philippe II, Richelieu et Louis XIV.

Si l'on voulait remonter, en effet, à l'origine des calamités qui ont affligé les nations depuis quatre siècles, il faudrait certainement proclamer comme cause principale l'absence de ce contrepoids, qui n'est pas, ainsi que tant d'autres, une combinaison factice créée par les traités, mais le vœu même de la nature, le résultat de la force des choses.

Sans parler des difficultés politiques, la création de cet état si nécessaire rencontrerait en ce siècle des obstacles qui n'existaient pas avant la réformation. La même vie morale circulait parmi ces peuples : Mayence et Cologne, Utrecht et Anvers, Gand, Bruges, Liège et Louvain, étaient liés par une communauté d'intérêts commerciaux et de vieilles habitudes ; tous ces pays, par leur génie autant que par leur position et leur origine, semblaient destinés à former une grande monarchie bourgeoise fondée sur de fortes communes. Jusqu'au seizième siècle, ils apparaissent, en effet, dans l'histoire avec une physionomie propre ; il semble que si le cours naturel

15

des évènements n'avait pas été contrarié, il se fût élevé là quelque chose de distinct de l'Allemagne, de plus distinct encore de la France, une sorte d'Angleterre continentale où les gros bourgeois auraient joué le rôle des lords, où le patriotisme n'eût pas été sans moralité, l'industrialisme sans entrailles : monarchie représentative dans laquelle le pouvoir royal eût fait tomber des têtes de bourguemestres et de syndics au lieu de celles de grands feudataires, et où la vie du moyen-âge se serait développée par ses deux principaux éléments, la foi catholique et la liberté municipale.

Le fils de Philippe-le-Bon fut, de tous les princes de la maison de Bourgogne, celui qui poursuivit avec le plus d'ardeur la création de cette royauté qu'il fallait imposer en même temps à l'empire et à la France. Malheureusement pour les Pays-Bas comme pour l'Europe, il avait pour adversaire Louis XI, et s'appelait Charles-le-Téméraire.

Le mariage de Marie, sa fille, avec l'archiduc Maximilien, prépara pour un prochain avenir l'anéantissement politique des Pays-Bas, par leur réunion à la maison d'Autriche. Le jour où Philippe-le-Beau quitta la côte de Flandre pour aller prendre possession du riche héritage de Ferdinand et d'Isabelle, la Belgique fut frappée au cœur ; ses dernières espérances s'évanouirent quand l'enfant que les Gantois avaient salué dans son berceau du nom de duc de Luxembourg, se fut appelé Charles-Quint.

Ce pays, poste avancé de l'Empire contre la France, réduit au rang de colonie, contraint de fournir à l'Espagne des hommes et des armes comme le Mexique et le Pérou de lui fournir de l'or ; cette terre, cause, victime et théâtre des plus sanglantes guerres, expirait ainsi sous les tyranniques exigences du droit de succession, au moment même où la vie intellectuelle s'y développait dans toute sa force.

On a dit que *la Belgique au XVIe siècle* serait un sujet digne d'exercer la plume de ses écrivains patriotes. Un tel livre, en effet, pourrait être beau, mais il serait pénible à faire. Ce serait comme l'oraison funèbre d'un peuple frappé, plein de jeunesse et de jours, par une politique imprévoyante, contre laquelle la nature protesta d'âge en âge, par le sang d'Egmont comme par celui d'Anneessens, par la révolution de 1788 comme par celle de 1830. L'écrivain qui voudrait peindre la Belgique au moment où sa vie s'éteignit sous le génie espagnol, complètement opposé au sien, aurait à montrer Charles-Quint réglant le sort du monde entouré de ses conseillers flamands, et le cardinal Granvelle usant sa haute habileté pour ployer au joug de la royauté castillane des populations frémissantes.

Depuis longtemps le génie artistique de cette contrée s'était épanoui dans les aériennes merveilles de l'architecture gothique. Les hôtels-de-ville, symbole de la liberté communale, les cathédrales où la pensée monte au ciel plus dégagée de la terre et du temps, s'élevèrent dès le XIVe siècle sur tous les points de ce sol où on les montre avec orgueil à l'étranger comme d'impérissables témoins de la vieille nationalité reconquise. Quand le mouvement de la

17

renaissance eut envahi l'Europe, le génie flamand, sans renoncer à l'architecture glorieusement représentée par Henri Van Pé, Lievin de Witte et Jacques de Breuck, saisit le pinceau, et les découvertes des Van Eyck qui avaient frayé à l'art des voies inconnues, donnèrent bientôt à la Flandre cette longue suite de peintres célèbres qui devait aboutir à Rubens et à Van Dyck. Toutes les chapelles princières de l'Europe se pourvoyaient de musiciens à la cour de Philippe-le-Bon et de Marguerite. Cette princesse marchait entourée de l'élite des savants de son siècle, parmi lesquels brillaient Erasme, Corneille Agrippa, et le poète Bernacle de Florennes. Le cardinal Granvelle continua ce noble patronage ; Viglius présidait le conseil privé, Joachim Hopperus, Pierre Peck et Josse Damhoudère, les plus profonds jurisconsultes de leur temps, furent élevés aux premières charges de l'état ; l'université de Louvain, qui fut plus tard, sous Juste-Lipse, une des premières écoles du monde, avait déjà jeté de vives lumières sous Gérard Weltwyck, l'un des plus célèbres orientalistes de l'Europe.

A mesure que l'histoire se faisait à coups de lance ou à coups de dague, dans les camps, dans les conciles, dans les conseils des princes, ou sur le marché des Vendredis, Jean Froissart, Enguerrand de Monstrelet, Philippe de Commines, tous trois sujets des comtes de Flandre et des ducs de Bourgogne, la reproduisaient palpitante de vie ; plus tard, Jacques Meyer et Pierre d'Oudegherst donnèrent les annales de la Flandre, Barthélemi Fiesen et Erard Foullon celles du pays de Liège, leur patrie. Vesale de Bruxelles, le fondateur de l'anatomie moderne, avait été précédé par les Flamands Untergaleyde et Martin de Cleene, premiers commentateurs d'Hippocrate et de Gallien ; Ortelius et Mercator fondèrent la géographie, les Plantins à Anvers faisaient faire des pas nouveaux à l'imprimerie, que la Belgique avait reçue du savant Mertens, d'Alost, à la fin du XVe siècle, et qu'un autre Belge, Josse Badius, exerçait avec éclat à Paris à la même époque.

Ainsi se développaient de concert toutes les facultés humaines, toutes les puissances de l'art, de l'industrie et du travail. La liberté était grande par les lois, plus grande encore par les mœurs ; le pouvoir du souverain était encore moins limité par les privilèges de *la joyeuse entrée*, ou la jalouse autorité des états et des *nations*, que par la grande existence et l'intraitable fierté de ces bourgeois qui disposaient des trésors du monde, et dont la parole faisait mouvoir les redoutables corporations de brasseurs et de tisserands.

Philippe II, ce type du génie castillan dans toute son austérité, ce prince aussi populaire en Espagne qu'abhorré dans ses autres domaines, représenté dans les Pays-Bas par le duc d'Albe, cette terrible expression de lui-même, rendit à cette nationalité si soudainement comprimée un ressort énergique. L'effet fut prompt, l'explosion longue et sanglante.

Le roi voulait établir dans les Pays-Bas l'inquisition d'Espagne, moins encore à titre de tribunal religieux que comme moyen de gouvernement. La résistance fut politique comme l'entreprise elle-même, et la lutte ne devint religieuse que plus tard et dans le nord seulement. Pour les provinces méridionales, ce fut une guerre de nationalité qui, après vingt années de troubles et de combats, finit par la consécration de tous les droits de la Belgique. La cause belge, dont les comtes d'Egmont et de Hoorn avaient été martyrs, triompha par l'épuisement de l'Espagne et l'indomptable persévérance de ces populations flamandes et wallones. Les troupes castillanes durent quitter le sol de la Belgique ; ses vieilles constitutions furent rétablies dans leur intégrité, et Philippe II transmit la souveraineté indépendante et héréditaire de ce pays à sa fille l'infante Isabelle et à l'archiduc Albert, son époux.

Pendant ce temps, la maison d'Orange exploitant habilement les griefs religieux des sept provinces du nord, cultivant la réforme comme un principe de résistance contre l'Espagne autant que contre Rome, et agissant dans ses intérêts de famille en même temps que dans un intérêt national, sépara leur cause de la cause toute politique des provinces du midi. La Hollande réformée devint républicaine sous ses stathouders ; la Belgique, sous des princes espagnols, garda le pouvoir royal comme partie intégrante de ses antiques constitutions et coutumes.

Les historiens de cette guerre, tout préoccupés du point de vue religieux, n'ont pas assez fait ressortir le côté purement constitutionnel de ce conflit. La résistance des provinces méridionales, au nom de leurs vieilles lois, les a moins touchés que celle d'un peuple apparaissant dans le monde pour revendiquer les droits de la conscience humaine. Ce long et honorable attachement aux ancêtres a été rejeté dans l'ombre. Cependant la révolte du XVIe siècle explique seule la révolution brabançonne de 1788, comme celle-ci donne le mot de la révolution de 1830. On ne saurait contester à ce peuple, auquel on peut légitimement refuser beaucoup de qualités, le mérite d'être identique avec lui-même, et de n'avoir pas renié ses pères.

Les archiducs moururent sans postérité, et les Pays-Bas retournèrent à l'Espagne par droit de dévolution. Dès-lors, la Belgique, primée par la Hollande (qui, longtemps avant d'obtenir sa place par les traités, se l'était faite entre les nations), et soumise à l'action de la cour de Madrid, sentit s'amortir son activité, et son type national disparut sous une rouille qu'elle s'efforce vainement peut-être d'enlever après deux siècles. Le règne des archiducs se place, comme une trêve de bonheur, entre les déchirements du XVIe siècle et les longues guerres de Louis XIV ; et la mémoire d'Isabelle est bénie par la reconnaissance populaire.

Le traité de Westphalie fixa, à quelques égards d'une manière heureuse, la situation du monde. En même temps qu'il réglait l'équilibre de l'Allemagne et appelait la Hollande à prendre un rang éminent dans le monde politique, il consacrait la tolérance religieuse, et proclamait un droit public, fort imparfait il est vrai, mais auquel les nations purent se rattacher dans le naufrage de toutes leurs croyances. Cependant les négociateurs de Munster ne firent aux provinces belges qu'une situation précaire et dangereuse, en les laissant à l'Espagne, sans résoudre aucun des points de droit sur lesquels s'appuya bientôt après Louis XIV, pour revendiquer une grande partie de ces contrées du chef de l'infante Marie Thérèse.

Il était triste pour ces peuples, humiliant pour l'humanité même, de voir le sort de populations entières réglé, sans leur adhésion, comme la propriété d'une ferme, selon les subtiles distinctions du droit coutumier et du droit écrit. Ce n'était là cependant que le prétexte : le principe du mal était dans l'absence de ce grand état intermédiaire, seul pivot de l'équilibre européen ; état dont la nécessité est tellement impérieuse, qu'on en fit la clause essentielle des arrangements diplomatiques de 1815, et que le siècle ne s'écoulera peut-être pas sans qu'on en revienne à une combinaison analogue, conçue d'après d'autres principes, et fondée sur une union plus durable entre d'autres éléments.

Du traité de Munster à celui de Vienne, les Pays-Bas ne comptèrent les années que par les guerres où ils épuisèrent leur sang et leurs trésors au profit d'intérêts étrangers, entre lesquels ils n'intervinrent jamais que pour satisfaire aux conditions de marchés conclus à leur préjudice.

De 1648 à 1658, guerre de l'Espagne contre la France ; traité des Pyrénées ;

De 1667 à 1668, guerre de Louis XIV contre l'Espagne, au sujet de la succession du Limbourg et du Brabant ; triple alliance ; traité d'Aix-la Chapelle ;

De 1672 à 1678, guerre de Louis XIV contre la Hollande et l'Espagne ; traité de Nimègue ;

De 1684 à 1697, guerre de Louis XIV contre l'Angleterre, la Hollande et l'Espagne ; traité de Byswick ;

De 1700 à 1715, guerre de la succession d'Espagne ; traité d'Utrecht ; occupation des forteresses des Pays-Bas par la Hollande, en vertu du traité de la Barrière ;

De 1722 à 1731, établissement de la compagnie des Indes à Ostende, et contestation avec la Hollande ; traité de Vienne ;

De 1737 à 1739, subsides considérables fournis par les Pays-Bas pour la guerre de Turquie ; traité de Belgrade ;

De 1740 à 1748, guerre contre Marie-Thérèse ; traité d'Aix-la-Chapelle ;

De 1780 à 1790, règne de Joseph II ; évacuation des forteresses de la Barrière ; contestation avec la Hollande au sujet de l'Escaut ;

De 1792 à 1795, guerre contre la république française ;

De 1813 à 1815, guerre contre l'empire français.

En contemplant tant de douleurs stériles, le publiciste qui trace un pareil tableau a donc raison de s'écrier :

« Ouvrons notre histoire : à chaque page, il y a des larmes et du sang ; et ces larmes et ce sang n'ont pas coulé pour nous. La Belgique est une vieille terre de labeur et de souffrance. L'on combattait pour nous, et l'on nous rançonnait ; l'on combattait loin de nous, et c'était encore à nos dépens. Se présentait-il, par hasard, un intérêt qui fût le nôtre, on transigeait. »

La maison d'Autriche, à laquelle l'Espagne céda par le traité d'Utrecht la souveraineté des Pays-Bas, ne considéra guère ce pays que sous deux rapports : d'abord, elle y vit une bonne grosse ferme digne d'être bien cultivée, à raison de la qualité supérieure de son terroir ; il lui fut surtout précieux, parce qu'il lui offrait le moyen de se ménager l'alliance de la Hollande en épuisant les concessions. C'est ainsi que le traité de la Barrière, passé entre l'empereur et les Provinces-Unies, donna au gouvernement hollandais le droit de tenir garnison dans les villes de Namur, Tournay, Menin, Furnes et Ypres. Dans d'autres places, la garnison était mi-partie impériale et néerlandaise sous un gouverneur nommé par l'Autriche. De ce jour, commence la longue suprématie de la Hollande sur la Belgique, qui devait finir par passer à la maison d'Orange à titre *d'accroissement de territoire.*

Pendant que les stipulations de la Barrière annulaient l'indépendance politique du pays, des engagements financiers étaient pris par l'empereur au mépris de tous les droits qu'il avait juré de respecter, lors de son inauguration dans les diverses provinces des Pays-Bas. C'est ainsi qu'il s'engageait à payer à la république des Provinces-Unies un subside annuel, sans tenir compte du consentement préalable des états, rigoureusement exigé.

Déjà la Hollande avait fait poser à son profit le principe de la fermeture de l'Escaut ; et Anvers, la ville opulente des Osterlingues, était morte sous le coup de cette stipulation. L'occupation des principales places des Pays-Bas, par suite du traité de la Barrière, ne tarda pas à livrer également à la Hollande le monopole de leur commerce intérieur, en rendant les garnisons néerlandaises maîtresses des grandes lignes de canalisation. L'Escaut et le canal du Sas-de-Gand furent comblés, et la Belgique ne respira plus que par Ostende.

Dans cette ville, si heureusement située entre la Manche et la mer du Nord, vivaient encore les restes de l'esprit entreprenant qui avait fondé l'antique prospérité des Flandres. Le prince Eugène, appelé au gouvernement général des Pays-Bas, favorisa l'établissement, dans ce port, d'une compagnie des Indes orientales. Un instant cette tentative fixa l'attention du monde commercial ; c'est dire assez qu'elle éveilla vite la jalousie des puissances maritimes. La cour de Vienne, dominée par la nécessité de s'assurer leur alliance, recula devant des menaces et des intrigues, et l'empereur suspendit, pour sept ans, la compagnie d'Ostende, qui ne se releva plus.

La Belgique s'éteignait ainsi, bloquée dans ses ports par les flottes de la Hollande, dans ses places de guerre par ses baïonnettes ; ses plaintes arrivaient à peine jusqu'à l'Europe, qui, pour la dédommager des débouchés enlevés à son agriculture, allait, chaque printemps, engraisser ses campagnes d'une couche de cadavres. La décadence de sa bourgeoisie fut rapide comme celle de ses villes, frappées par l'interdit du droit maritime ; sa noblesse alla cultiver ses terres à l'ombre du clocher, ou porter une clé de chambellan dans les résidences allemandes. Le peuple seul s'agitait quelquefois au souvenir de la prospérité d'un autre siècle, et gardait avec une jalousie turbulente ses privilèges municipaux qui la lui rappelaient encore.

La domination autrichienne commença et finit entre deux émeutes. L'une fut un tumulte de carrefour, l'autre une révolution. La potence eut raison de la première, une armée recula devant la seconde ; et cependant, dans ces faits si dissemblables par leur importance apparente, l'historien doit comprendre qu'il s'agit d'une même cause, et que l'échafaud d'Anneessens annonça la grande insurrection brabançonne.

En 1717, au moment de la plus grande fermentation causée par les stipulations auxquelles venait d'accéder l'empereur Charles VI, les doyens des *neuf nations* de Bruxelles, choisis pour former le nouveau corps municipal, refusèrent de jurer un règlement, qui leur sembla contenir des clauses nouvelles, protestant que le prince ne pouvait, pas plus que le conseil de Brabant lui-même, restreindre les privilèges des *nations* sans porter atteinte à la *joyeuse entrée*.

Le marquis de Prié, ministre de l'empereur, accusé déjà d'entretenir de nombreux projets de réformes administratives et politiques, s'adressa au conseil de Brabant, qui s'était attribué le droit de vider les conflits entre l'autorité royale et les nations. Il en obtint deux décrets, qui l'autorisaient à se passer du consentement des doyens, en se bornant au suffrage des deux premiers *membres* du conseil municipal, c'est-à-dire du *magistrat* et du *large conseil*. Cette décision jeta Bruxelles dans une violente agitation. La force armée voulut en vain réprimer les manifestations populaires ; elle dut évacuer ses postes et se retirer dans le Parc.

Cette retraite laissa le peuple maître de la ville, et le marquis de Priée fut contraint d'autoriser la prestation du serment selon l'ancienne formule. Ce fut pour la multitude le sujet d'une grande joie. Une foule délirante de bonheur et de fierté parcourut les rues, en portant des branches de laurier, et poussant des cris de victoire. Le lendemain, à la pointe du jour, le drapeau des nations flottait sur la haute tour de l'hôtel-de-ville au pied de la statue rayonnante de saint Michel, et la garde bourgeoise la saluait par des salves d'artillerie.

Des désordres, inséparables de toutes les commotions de ce genre signalèrent le triomphe du peuple brabançon, qui soulevait pour un jour la pierre de son sépulcre. Les maisons de quelques impérialistes furent saccagées, et le peuple se vengea à sa manière, comme un enfant furieux. Cependant des troupes nombreuses étaient entrées à Bruxelles, et le courage était revenu au gouverneur avec la force il crut cependant devoir user de stratagème : les quatre doyens les plus influents, Anneessens, fabricant de chaises, syndic de la nation de Saint-Nicolas, Lejeune, de Haeze et Vanderborcht, furent attirés chez le colonel d'un régiment autrichien, sous prétexte de quelques ouvrages relatifs à leur profession, et jetés dans un cachot. Une procédure s'instruisit à huis-clos ; tous les ordres de l'état, le clergé en tête, le magistrat de Bruxelles lui mène composé d'hommes dévoués au gouverneur, intercédèrent vainement pour les malheureux doyens, notoirement étrangers à toutes les scènes de désordre, et suspects seulement d'avoir dit : « On doit laisser faire l'ancien serment, sans quoi les bourgeois ne déposeront pas les armes. »

Anneessens, à qui la fermeté de son caractère avait déjà valu une autre persécution, fut condamné à être décapité ; les autres doyens furent bannis à perpétuité. Sept individus, convaincus d'avoir excité les désordres, furent pendus ; un plus grand nombre fut incarcéré et fustigé en place publique.

Anneessens, vieillard septuagénaire, monta les marches de l'échafaud avec un front calme et serein ; il demeurait les yeux fixés sur l'hôtel-de-ville. Son confesseur l'exhortant à ne les plus tourner que vers le ciel : *Ces degrés me rappellent, dit-il, combien de fois je les ai montés pour la cause du peuple : sept fois ils ont été témoins de mon serment de fidélité à l'empereur, et jamais je n'ai trahi cet engagement solennel.*

Puis, après une prière, se tournant vers la multitude agenouillée :

« Je meurs, dit-il, pour avoir voulu soutenir vos droits et vos privilèges, jurés par tous nos souverains ; je meurs pour avoir observé religieusement le serment prêté en acceptant les fonctions pour lesquelles vous m'aviez choisi. »

Et la tête du bourgeois obscur roula sur la place où un siècle et demi auparavant étaient tombées celles de deux nobles seigneurs.

De magnifiques services furent célébrés dans toutes les églises, malgré les menaces du marquis de Prié ; et le lendemain, des citoyens de toute condition recueillaient sous l'échafaud le sable ensanglanté, qui fut vendu au poids de l'or, dit l'auteur de cette relation, et renfermé dans des reliquaires.

L'étranger qui visite l'hôtel-de-ville de Bruxelles, aperçoit, au fond d'un sombre corridor, un tableau à demi effacé, qui avait été sans doute commandé parle marquis de Prié avant cette catastrophe. Il représente le collège du *magistrat* tâchant de convaincre les syndics de la nécessité de prêter le serment exigé par leur souverain. Ces syndics sont : Gabriel de Haëze, maître chaudronnier ; François Lejeune, maître sellier ; Jean François Vanderborcht, marchand de drap. Un enduit épais cache une autre figure ; seulement, quand un rayon de soleil, perçant à travers les longues ogives, tombe d'aplomb sur cette partie du tableau, l'on voit se dessiner les traits confus d'une tête de vieillard, comme un symbole de cette nationalité effacée par l'étranger, recouverte par le temps d'une rouille bien épaisse, mais qui essaie de s'épanouir aujourd'hui sous un plus beau jour.

Soixante-dix années s'écoulèrent pendant lesquelles les Pays-Bas, dans ce bien-être physique et cette atonie morale que le gouvernement autrichien est si habile à entretenir, parurent oublier leurs griefs et leurs souvenirs. La grandeur et les infortunes de Marie-Thérèse avaient vivement frappé l'esprit religieux de ces peuples, et une administration douce et paternelle vint effacer le vice du titre originel en vertu duquel le régime autrichien avait été imposé à cette vieille terre de franchises.

Mais la grande impératrice était à peine morte, pleurée aux bords de l'Escaut comme sur ceux du Danube, que Joseph II, avec la généreuse imprudence que donnent un noble cœur et un esprit faux, voulut y tenter la despotique application de toutes les théories modernes. De ces réformes, quelques-unes étaient utiles, sans doute ; mais elles avaient le tort de n'être ni désirées ni comprises ; la plupart devançaient les temps, ce qui est un malheur irrémédiable pour les idées comme pour les hommes. Le plus grand nombre étaient absurdes, odieuses, révoltantes en elles mêmes et par les moyens employés dans leur exécution.

Le despotisme peut quelquefois être réformateur, mais c'est à deux conditions. Il faut d'abord qu'il ait la force en main ; il faut surtout qu'il agisse au profit d'une idée féconde et légitime, et qu'il s'appuie sur un droit supérieur à tous ceux qu'il viole. Or, les vues de Joseph étaient presque toujours inspirées par une philosophie mesquine et des idées administratives trop uniformes pour être alors applicables ; et le comte Belgiojoso, son ministre, le Van Maanen de la révolution brabançonne, était odieux, sans être redoutable.

Le nouvel empereur était à peine monté sur le trône, que, pour mériter les éloges des hommes de la tolérance, il rendit d'innombrables édits, où le ridicule de la minutie le disputait à l'odieux de l'arbitraire. C'est ainsi, par exemple, qu'il régentait la discipline des couvents, le chant, les heures à consacrer aux prières. Les édits indiquaient les passages que les chanoines religieux de l'ordre de Saint-Augustin auraient à effacer de leur bréviaire ; d'autres attaquaient sans motif les populations rurales dans leurs plus vieilles et leurs plus innocentes habitudes. Celui du 11 février 1786 portait : « Toutes les kermesses, dédicaces et autres fêtes de cette espèce, généralement quelconques, tant dans les villes qu'au plat pays, se tiendront désormais partout, le même jour, que nous fixons pour toujours au deuxième dimanche après Pâques. »

Plusieurs se prenaient à des choses plus graves, et attaquaient la propriété en même temps que la liberté religieuse. Par un édit du 17 mars 1783, l'empereur, *de sa certaine science, pleine puissance et souveraine autorité*, supprima un bon nombre de couvents des deux sexes, et fit entrer tous leurs biens dans une caisse formée sous le titre de *Caisse de religion*. Plus tard, il abolit toutes les confréries et en constitua une nouvelle sous le titre niaisement philanthropique *d'Amour actif du prochain*. Enfin, une mesure bien plus grave encore vint révéler le but du système et soulever toutes les consciences : un séminaire général unique fut établi à Louvain, un séminaire filial à Luxembourg. L'édit constitutif, si malheureusement copié dans plusieurs de ses principales dispositions en 1825, lors de la création du fameux collège philosophique, abolissait les séminaires épiscopaux, et décidait qu'on n'admettrait à l'avenir aux ordres sacrés que les élèves qui auraient fait leur théologie à Louvain ou à Luxembourg. Les considérants étaient peut-être plus injurieux encore pour le clergé belge que les dispositions mêmes. On le déclarait impuissant « pour arrêter le débordement de la jeunesse qui se destinait à l'état ecclésiastique. »

Le choix des professeurs, presque tous étrangers, repoussés par leurs supérieurs des universités allemandes pour inconduite ou hétérodoxie, les protestations des évêques, les murmures chaque jour croissants des populations, enfin la nature de l'enseignement, provoquèrent bientôt une insurrection au sein de cet établissement où avaient dû se rendre les étudiants chassés des séminaires diocésains. Un régiment d'infanterie fut caserné dans ces pacifiques dortoirs, bon nombre d'élèves furent incarcérés. Interrogés sur ce qu'ils reprochaient au séminaire général et sur leurs exigences, les élèves répondirent : *bonam doctrinam, et ut episcopi regnant.* On rapporte que les wallons, mécontents de la nourriture physique comme de la nourriture spirituelle de l'établissement, ajoutèrent d'une voix unanime : *bonum, cibum et bonum potum*, mot de terroir qui doit être vrai.

Le cardinal archevêque de Malines fut mandé à Vienne et resta inébranlable. Joseph lui déclara qu'il devait *changer ou plier*. Il était une autre alternative que le monarque n'avait pas prévue.

La monomanie réformatrice du fils de Marie-Thérèse atteignait en même temps ces vieilles institutions locales que les provinces des Pays-Bas avaient héritées de leurs ancêtres et conquises aux temps les plus orageux de l'histoire, institutions sur lesquelles la monarchie française avait promené le niveau du pouvoir absolu, mais qui se tenaient encore debout au-delà des frontières.

Dans chaque province, l'autorité législative résidait aux mains des états composés de trois *membres* : le clergé, la noblesse et le tiers. Ce dernier membre était formé du *collège du magistrat* et du *corps des métiers*, représenté par le *mayeur des febvres*.

Une députation permanente, composée de deux députés de chaque membre des états, et siégeant hebdomadairement ; était chargée, de concert avec le délégué du souverain, de la direction des affaires et de l'exécution des décisions prises en assemblée générale.

Le principal inconvénient de cette organisation, dont nous ne croyons devoir retracer que les traits principaux, était, sans doute, d'isoler ces petites provinces et d'annuler l'importance politique du pays. Mais cet inconvénient du système en faisait en même temps la force ; il élevait contre un pouvoir novateur des résistances que la foi des serments commandait de respecter et que la prudence ordonnait de craindre.

A peine l'édit du 1er janvier 1787 eut-il prononcé la suppression de toute la hiérarchie administrative et judiciaire pour la remplacer par le régime des intendances, changeant toutes les juridictions, expropriant tous les possesseurs de charges de judicature, et déclarant les intendants revêtus d'un pouvoir tel que leurs ordres eussent à être respectés, « quand même ils auraient paru excéder les bornes de leur autorité, » que les provinces entières s'émurent et que les hommes prévoyants se sentirent à la veille d'une révolution.

Tous les états réclamèrent contre de telles nouveautés ; plusieurs rappelèrent à l'empereur que les paroles mêmes de son serment inaugural déliaient d'avance ses sujets de toute promesse de fidélité, s'il était entrepris quelque chose contre les privilèges des provinces. La nouvelle organisation fut déclarée nulle et illégale par les états, les subsides furent refusés, et bientôt l'émeute gronda dans toutes les villes.

Alarmé d'une situation chaque jour plus critique, l'archiduc Albert de Saxe-Teschen, gouverneur-général pour l'empereur, invita une députation à se rendre à Vienne. Joseph II, furieux contre ses sujets des Pays Bas, qui accueillaient ainsi ses vues libérales, dispensa de vagues promesses et fit filer de nombreux régiments sur la Meuse ; il ordonna à ses agents de tenir ferme contre un entêtement qui se dissiperait de lui-même, et à ses généraux de prêter main-forte à ses ordres.

Rien ne se ressemble plus que les révolutions ; il n'y a guère que les noms propres à changer pour en appliquer la théorie à un demi-siècle de distance. Des concessions qui, accordées plus tôt, pouvaient arrêter une crise, faites trop tard, de mauvaise grâce et sans bonne foi, restèrent inefficaces. Il fallut les reprendre pour en appeler à la force. Mais ce dernier appui commençait à manquer : les soldats belges désertaient en foule les drapeaux de l'empereur ; une association formidable, sous la devise *pro aris et focis*, couvrait le pays, trouvant des bras dans les campagnes, des richesses dans les villes, des encouragements et des bénédictions dans les chaires catholiques.

A l'époque où l'aristocratie française se préparait à se rendre à Coblentz pour défendre les vieilles institutions de la monarchie, une autre émigration s'opérait en Belgique pour défendre une autre vieille cause. Mais la sanction populaire ne manquait point à celle-ci, et le moyen-âge succomba en Belgique, défendu et pleuré par un peuple au sein duquel l'esprit de cour ne l'avait pas travesti.

La peine de mort fut prononcée à Bruxelles comme à Paris contre ceux qui passeraient les frontières, et cette prescription rendit l'émigration plus nombreuse. Un corps considérable s'organisa dans l'évêché de Liège sur la frontière du Brabant, par les soins de l'avocat Vonck, et sous les ordres du colonel Vandermersch, pendant qu'un autre avocat, Henri Vandernoot, prenant le titre d'agent plénipotentiaire du peuple brabançon, se rendait à La Haye, à Berlin et à Londres, pour essayer d'engager ces trois cabinets dans les intérêts de l'insurrection.

Dans le courant d'octobre 1789, une colonne *d'insurgens* se dirigeant sur les Flandres, s'empara de Zantvliet et des forts de Liefkenshoeck et de Lillo ; en même temps, le corps principal, opérant dans la province d'Anvers, occupait Hoogstraeten et Turhout. Les populations en masse, ayant en tête la croix paroissiale, ce palladium de nationalité en Belgique comme en Pologne, en Irlande comme en Grèce, grossissaient d'heure en heure les rangs des émigrés. Un corps autrichien ayant voulu déloger

Vandermersch de Turhout, fut mis en déroute complète, abandonnant ses drapeaux et son artillerie. Cette victoire sonna le tocsin de l'insurrection d'Ostende à la Meuse ; partout les garnisons impériales furent taillées en pièces ; les villes de guerre et les citadelles tombèrent l'une après l'autre ; et au commencement de janvier 1790, la Belgique, délivrée de la présence de l'étranger, vit s'ouvrir sa première représentation nationale au palais de Bruxelles.

Le Luxembourg seul, entre toutes les provinces, ne prit point part à ce mouvement, et devint la place d'armes de l'armée impériale. Peut-être doit-on remarquer qu'au XVIe siècle il était resté également étranger à l'insurrection générale suscitée contre la domination espagnole. Ce n'est qu'en 1830 que le grand-duché a suivi l'impulsion imprimée au reste des Pays-Bas, et s'est activement associé à une cause dont le triomphe a été sanctionné au prix de son morcellement.

Mais la victoire fut pour les Belges le signal de dissensions intestines et d'une insupportable anarchie. Les partis se dessinèrent absolus dans leurs théories, implacables dans leurs haines, également dépourvus d'expérience politique et de lumières, également ignorants de la situation de l'Europe et des véritables intérêts du pays. Cette révolution brabançonne, après avoir un instant étonné le monde, comme une énergique manifestation du vieil esprit qu'il croyait mort, finit par en devenir la risée, et confirma le siècle dans ses mépris superbes pour les temps qui n'étaient plus.

La démocratie philosophique, représentée par Vonck et Vandermersch, s'efforçait d'imprimer une direction franco-républicaine à un mouvement qui avait été dans l'origine catholique et national. Vandernoot, appuyé sur la majorité des états, tendait à faire prédominer l'influence diplomatique en faisant valoir les vagues promesses de quelques cours. L'attente d'une intervention anglo-prussienne pour arracher les Pays-Bas à l'Autriche, paralysa l'énergie du mouvement révolutionnaire, et, plus que toute autre cause, facilita la conquête qui, l'année suivante, rendit presque sans combat ce pays à l'empereur.

Vandernoot ne sut pas comprendre que l'orage qui grondait en France, en menaçant de s'étendre sur le monde, devait faire dévier les cabinets de leur politique traditionnelle, et qu'en présence d'un danger universel, ils avaient plus d'intérêt à dégager la cour de Vienne de ses embarras qu'à lui en susciter d'autres. De là la médiation empressée qui, aux conférences de Reichenbach, amena les préliminaires de paix entre l'empereur et le divan, et les facilités de tous genres que la Prusse accorda à Léopold, successeur de Joseph II, pour soumettre ses provinces rebelles, en ne stipulant à leur profit qu'une amnistie et le maintien de leurs constitutions.

L'influence désastreuse exercée par le parti diplomatique en 1790, a dû être souvent alléguée, après 1830, pour détourner la révolution belge des voies de prudence où elle a trouvé son salut, et hors desquelles elle se fut abîmée dans une restauration ou dans la conquête. L'objection était spécieuse, mais elle dénotait peu de bonne foi ou peu d'esprit politique. Les motifs qui imposèrent une prudente réserve aux cabinets, existaient, il est vrai, en 1830 comme en 1790 ; on put s'en convaincre dans les affaires de Pologne ; mais après la révolution de juillet, et en présence de l'attitude modérée prise par la France, cette réserve devait conduire à sanctionner un fait accompli, et non à le combattre. En 91, on croyait pouvoir étouffer la révolution ; de là le traité de Pilnitz, la campagne du duc de Brunswick contre la France, celle du maréchal de Bender contre les Belges. En 1830, on ne songeait plus qu'à la circonscrire et à la régler ; de là la prompte reconnaissance de la branche cadette, la conférence de Londres, et la campagne du maréchal Gérard contre les Hollandais.

Mais si la situation de l'Europe était radicalement changée, celle de la Belgique n'avait pas cessé d'être la même. Après la domination néerlandaise comme après la domination autrichienne, ce pays, mort à la vie politique, sans administration, sans armée, sans crédit, et sans autorité morale en Europe, livré aux inspirations extravagantes d'une presse révolutionnaire et le plus souvent ennemie de l'indépendance, avait besoin d'une tutelle temporaire et bienveillante. Il lui fallait un patronage puissant et désintéressé, un modèle à suivre et une caution à présenter. Tout cela manquait en 1791 ; tout cela s'est rencontré après 1830.

S'il en eût été autrement. ; si des hommes, sortis pour la plupart de l'obscurité, mais dignes de l'éminente position où les évènements les jetaient soudain, n'avaient noblement usé leur énergie et leur popularité pour résister à des entraînements irréfléchis ; si la mobilité confiante de l'esprit belge n'avait trouvé un contrepoids dans la raison ferme et froide de ce parti, incapable de faire triompher par lui-même la cause de l'indépendance, mais seul en mesure de lui concilier la France et l'Europe, le mouvement de septembre eût avorté, comme celui qui l'avait précédé, dans d'impuissantes déclamations. Le précédent de 91 a trompé la Hollande. Elle aussi a méconnu les temps ; elle n'a apprécié ni la force des intérêts nouveaux, ni celle d'une expérience chèrement payée par tous ; elle a espéré imposer des conditions qu'elle devra finir par recevoir.

Les beaux esprits du XVIIIe siècle avaient vu avec indifférence et dédain se consommer la chute d'un peuple dont les bataillons portaient à leur tête l'image crucifiée de celui qu'on appelait, en style philosophique, *le général des Brabançons.* La révolution française, déclinant toute solidarité avec une cause chrétienne, s'était laissé enlever une position qu'il lui eût été si facile de faire sienne. Peu après, la guerre était déclarée à l'Autriche par l'assemblée législative, et la bataille de Jemmapes ouvrait à Dumouriez les portes de la Belgique. En 1794, la bataille de Fleurus consolida entre les mains de la république une conquête qui lui avait d'abord échappé. Le traité de Campo-Formio sanctionna cet état de choses, et, au prix de la mort de Venise, l'Autriche consacra la réunion des Pays-Bas à la France.

Disons-le sans hésiter, car c'est un méchant patriotisme que celui qui fait mentir l'histoire ; la domination française fut imposée à la Belgique à Campo-Formio, comme l'avait été la domination espagnole à Munster, la domination autrichienne à Utrecht.

Dans la discussion solennelle qui précéda l'adoption de la loi du 9 vendémiaire an IV, prononçant réunion intégrale et définitive des Pays-Bas à la France, ce ne fut pas sérieusement qu'on s'appuya sur le vœu de ces populations, dont les votes, pour la réunion, avaient été *arrachés à coups de sabre*, selon Dumouriez. Merlin, rapporteur de la commission, et Carnot, qui appuya les conclusions du rapport, avaient de bien meilleures raisons à donner.

« Il importe à la république, disait le rapporteur, de dissiper les craintes que la malveillance et l'ineptie se sont accordées à répandre sur l'insuffisance du gage actuel de nos assignats, et, *par conséquent*, d'ajouter à ce gage les domaines que le clergé et la maison d'Autriche possèdent dans le pays de Liège et la Belgique ; domaines si considérables, si riches, si multipliés, que les calculs les plus modérés en portent la valeur à plus des deux tiers de la somme totale de nos assignats en circulation. »

Carnot ajoutait à ces hautes raisons financières, des motifs stratégiques fort graves sans doute, mais qu'on a pu invoquer avec tout autant de justice après nos désastres, pour nous enlever Philippeville et

Marienbourg, et pour porter les avant-postes prussiens sur la partie la plus découverte de nos frontières. L'occasion s'offrira plus tard de présenter sur la question si controversée des limites naturelles de la France, quelques observations que nous croyons conformes à ses intérêts permanents, à sa véritable mission et à son influence. Constatons seulement ici qu'en 1795 la France a voulu se faire une barrière contre l'Europe, comme en 1815 l'Europe a entendu se créer une barrière contre la France.

L'absorption de la Belgique dans le grand empire hâta la chute de sa nationalité plus que n'avait fait la durée séculaire de la domination espagnole et autrichienne. Le blocus continental imprima à l'industrie de ces départements une activité chaque jour croissante. Leurs produits naturels et manufacturés eurent pour marché la moitié de l'Europe. Brest tomba devant Anvers, et Napoléon portait, de sa résidence de Saint-Cloud à sa résidence de Laëken, le prestige de sa gloire et les hommages du monde. La puissance assimilatrice du génie français s'exerça vite sur les populations associées à notre gloire et enrichies par la conquête. Lorsque l'empereur logeait au palais des archiducs, qu'Anvers, Gand et Liège étaient chefs-lieux de préfecture, il était difficile de découvrir ce qui survivait encore de la nationalité flamande et wallonne. Cependant ce lien, formé par l'intérêt, n'était pas tellement étroit que les Belges n'abandonnassent vite la fortune chancelante de la France. Immobiles à Waterloo sous le canon de notre armée, et devant notre drapeau, ils avaient promptement oublié tant de combats livrés ensemble. Aussi l'Europe ne rencontra-t-elle pas dans ce pays les résistances qu'il semblait naturel d'attendre au moment où il faudrait rétablir une ligne de douanes depuis si longtemps écartée sur les frontières du Luxembourg, du Hainaut et des Flandres. Quoique les habitudes prises et de nombreux intérêts particuliers dussent en souffrir, le sentiment populaire ratifia dans ces provinces la séparation prononcée par la diète européenne.

La Belgique n'avait ni droits acquis à invoquer devant les peuples, ni dynastie à faire comparaître au congrès des rois ; sa faiblesse lui eût interdit, d'ailleurs, de remplir à elle seule la mission qui préoccupait alors les hommes politiques. On comprenait enfin la nécessité de rectifier, au XIXe siècle, ce qui avait été faussé dans la constitution de l'Europe depuis Marie de Bourgogne et Maximilien ; et tous les publicistes, à partir des écrivains officiels des chancelleries jusqu'aux organes du libéralisme français, donnaient leur adhésion à un arrangement conservateur de l'équilibre du monde, et l'érection d'un royaume des Pays-Bas.

La réunion de la Belgique à la Hollande se présentait, en 1814, avec tous les caractères d'une combinaison durable. Il est facile de prophétiser après coup et de combattre, parce qu'elles ont rencontré des obstacles imprévus, des transactions alors généralement approuvées. Disons-le donc : si les hommes doués de sens politique attaquaient, comme n'offrant pas de garanties d'avenir, les arrangements relatifs à la Pologne, à la Saxe, à l'organisation intérieure de l'Allemagne, tous envisagèrent la création de cette nouvelle monarchie comme la pensée vraiment féconde du congrès.

On peut regretter peut-être que cette assemblée, qui avait senti la nécessité de conférer aussi à la maison de Nassau la souveraineté du grand duché de Luxembourg, n'eût pas complété sa mission en portant le *nouveau royaume de Bourgogne*, par l'adjonction des provinces rhénanes alors disponibles, jusqu'aux bords du Rhin et de la Moselle, ses limites naturelles et peut-être nécessaires ; on dut considérer également comme une difficulté grave pour ce gouvernement la différence des religions et des idiomes : mais, après tout, se disait-on, ce n'était pas la première fois qu'un état puissant se formait malgré ces dissidences ; d'ailleurs, entre ces peuples d'origine commune, la séparation était récente, et les intérêts les plus intimes auraient bientôt renoué la chaîne des temps ; la Belgique agricole et manufacturière allait trouver dans les colonies de la Hollande un débouché pour ses produits qui suppléerait aux marchés de France ; ses riches provinces entreraient par compensation en partage de la lourde dette hollandaise ; si les vœux des deux peuples n'avaient pas provoqué cette réunion, leurs intérêts l'auraient donc bientôt cimentée, car les mariages de convenance sont d'ordinaire la source d'un bonheur plus durable que les mariages d'inclination. Enfin, le nouvel état serait gouverné par un prince qui avait fait ses preuves comme soldat sur les champs de bataille, comme homme dans la mauvaise fortune. Que de garanties pour les Pays-Bas et pour l'Europe !

Il était une chose que l'Europe oubliait cependant : c'est que le peuple belge, plus nombreux que le peuple hollandais, était moins éclairé que lui, et que cette supériorité numérique, jointe à une infériorité politique trop évidente et trop justifiée par la situation antérieure des deux pays, serait l'occasion de complications dangereuses. On oubliait surtout, et c'est ici autant peut-être que dans les dissidences religieuses qu'il faut chercher le principe de l'incompatibilité, que depuis la formation de la république des Provinces-Unies la Belgique s'était constamment trouvée vis-à-vis de la Hollande dans une position de vasselage ; qu'à partir du traité de la Barrière jusqu'à la transaction de Joseph II sur la fermeture de l'Escaut, en 1785, les provinces méridionales avaient toujours été sacrifiées au désir qu'éprouvait l'Autriche de s'assurer l'alliance de la Hollande et le concours de ses flottes. Ainsi le peuple le moins nombreux pesait sur l'autre depuis deux siècles ; il avait été l'instrument de sa ruine, la cause de son humiliation.

La Hollande avait conquis une partie de notre sol, s'écrie le plus éminent des publicistes belges, elle avait grevé le reste des *servitudes de droit public* ; la Belgique était le *fonds servant*, la Hollande le *fonds dominant* ; il existait une espèce de féodalité de peuple à peuple. La Hollande s'étendait sur une partie de la Belgique pour la tenir immobile sous elle et la paralyser dans toutes ses fonctions vitales. La

Belgique se trouvait réduite à une existence purement intérieure, provinciale et communale. »

Ainsi, pendant que les sept provinces du nord, sous leurs stathouders, leurs grands pensionnaires et leurs hardis amiraux, s'élevaient au premier rang entre les nations, les dix provinces du midi, sans histoire, sans grands hommes et sans grandes choses, s'éteignaient obscurément dans leurs gras pâturages et leurs sillons épais. Ce fut dans ces circonstances que le traité de Paris vint promettre à la Hollande un *accroissement de territoire*, et que le congrès de Vienne lui assigna la Belgique conformément aux stipulations du 30 mai 1814.

L'article 1er de cet acte porte « La Hollande placée sous la souveraineté de la maison d'Orange, recevra un accroissement de territoire. »

Les articles secrets annexés à cet acte ne laissent aucun doute sur l'esprit qui détermina ces arrangements ; ils constatent la situation accessoire faite à la Belgique, malgré sa supériorité numérique et son étendue territoriale.

En vain les huit articles constitutifs du nouveau royaume stipulèrent-ils une fusion intime et complète, et une parfaite égalité. Les stipulations diplomatiques sont également inhabiles et à établir l'égalité entre deux peuples, et à effectuer l'anéantissement de l'un au profit de l'autre. L'on dérogea dès l'abord, à cette égalité parfaite, en déclarant la loi fondamentale de la Hollande applicable à la Belgique, sauf les modifications qui pourraient y être apportées.

Pour peu qu'on ne soit pas complètement étranger à l'histoire du Royaume-Uni, il n'est personne qui ne sache que l'assentiment de la Belgique à la constitution votée par l'unanimité des états-généraux à La Haye fut nettement refusé par la majorité de ses notables. Ce ne fut qu'en abusant de l'absence d'un quart environ d'entre eux qui furent supposés *de droit* favorables à l'adoption, et en comptant comme pures et simples les acceptations conditionnelles, que l'on parvint à grouper une majorité de quelques voix. Les publicistes favorables à la cause hollandaise ne nient pas ces faits, tout en contestant quelques chiffres.

Ce fut la première révélation d'un système que l'histoire imputera moins à la volonté du roi Guillaume qu'à d'impérieuses nécessités. Il y a dans les affaires de ce monde moins de spontanéité qu'on ne pense, et les hommes suivent le courant d'une situation bien plus souvent qu'ils ne l'établissent. La Charte de 1814 rencontrait en France tant d'inextricables difficultés pour concilier les deux principes politiques qui se partageaient le pays et qu'elle avait tenté de résumer en elle-même, qu'il était manifeste, dès l'origine, pour tous les esprits prévoyants, que la monarchie constitutionnelle aboutirait au triomphe de la souveraineté parlementaire ou à la proclamation de l'omnipotence royale. La loi fondamentale des Pays-Bas consacrait un antagonisme d'une nature plus redoutable encore. Diviser le royaume en deux zones, et ne donner à chacune d'elles qu'un nombre égal de représentants, malgré une différence numérique d'environ un tiers dans la population, c'était constater légalement l'opposition des intérêts et des sympathies ; et, l'équilibre parfait étant impossible, par l'effet de l'influence ministérielle qui s'exercerait non dans un sens de parti, comme en France, mais dans un sens de nationalité, il fallait que les provinces méridionales, par l'ascendant du nombre, l'emportassent sur les provinces du nord, ou que la Hollande, par l'ascendant d'une expérience incontestée, l'emportât sur la Belgique. Entre deux doctrines, inconciliables, Charles X tenta de faire prédominer ses convictions personnelles ; entre deux peuples inquiets et jaloux, Un prince de la maison de Nassau se ressouvint de son origine ; n'ayant pu amener cet amalgame qu'il est plus facile de proclamer dans des traités que d'obtenir dans la pratique des affaires, il aima mieux rester Hollandais que de se faire Belge ; et l'attachement de sa vieille Neerlande l'honore et le grandit sur sa moitié de trône.

Ce n'est pas l'inhabileté de Guillaume et de ses ministres qui a conduit les choses au point où elles se trouvèrent amenées par le fameux message du 11 décembre 1829, ce programme d'une révolution déjà consommée dans les intelligences. Le message hollandais fulminé contre la presse proclamait les droits de la souveraineté royale dans un esprit analogue à celui du préambule des ordonnances de juillet, et révélait une doctrine qui ne pouvait manquer de se produire, à mesure que les obstacles grandiraient sous les pas du pouvoir.

Nous ne nous proposons pas de retracer les griefs connus, sur lesquels les défenseurs de la révolution belge se sont attachés à établir sa légitimité devant l'Europe. Il nous suffit d'être remonté au vice primordial de cet établissement constitutionnel où, selon l'observation d'un homme d'état, anglais, « l'opposition ne comprenait le ministère que le lendemain matin, en lisant ses discours traduits dans les journaux. »

Nous accorderons aux apologistes du royaume des Pays-Bas que beaucoup de griefs ont été exagérés, que plusieurs des chiffres cités dans les documents belges ne sont pas exacts, concessions sans importance en face de faits accomplis. Qu'importe, par exemple, qu'il y ait de l'exagération dans la proportion d'un à sept huitièmes environ, établie par les Belges, comme mesure de l'inégale distribution des fonctions publiques entre les sujets des deux parties du royaume ? La très grande majorité des principaux emplois civils, militaires et diplomatiques étaient occupés par les Hollandais, on en tombe d'accord ; on confesse également que peu de Belges traversèrent le ministère, et on n'hésite pas à en donner pour motif une plus grande aptitude politique déjà reconnue par nous, mais que des Belges pouvaient être fort disposés à contester. Plusieurs exceptions pourraient être citées qui viendraient pour la plupart confirmer la règle. Il n'est pas, en effet, de doctrine tellement exclusive qu'elle ne soit disposée à faire des concessions de personnes, quand elles ont pour but d'augmenter sa force sans modifier aucune de ses tendances.

Le gouvernement du roi Guillaume fit beaucoup pour l'agriculture, il voulut faire beaucoup aussi pour l'industrie. Plusieurs canaux importants furent ouverts ; d'autres, tel que celui de la Sambre, destiné à vivifier les parties les plus incultes du Luxembourg, étaient, en 1830, en cours d'exécution ; un plus grand nombre étaient en projet. Ce fut dans les intérêts matériels que ce prince chercha sa force, il espéra vaincre le patriotisme belge par le cosmopolitisme industriel. Un ministre habile tenta aussi de nationaliser la restauration française par la bourse et par la banque, et de tourner la question politique en grandissant l'importance de la question financière. M. de Villèle tomba devant les électeurs, et le *million-Merlin* n'empêcha pas les progrès du parti unioniste. C'est que les intérêts matériels, très puissants auprès des individus, ne sont d'aucun poids auprès des peuples, tant que les intérêts moraux ne sont pas garantis. Or ceux-ci étaient menacés en Belgique, moins gravement peut-être qu'on n'affectait de le dire, mais d'une manière plus sérieuse que le pouvoir ne consentait à l'avouer.

Il était difficile d'admettre, avec les bons curés des Flandres, qu'il existât chez le roi Guillaume un plan bien arrêté de convertir au protestantisme la terre la plus catholique de l'univers ; mais il était impossible de ne pas voir, dans les actes du gouvernement hollandais, l'intention d'abaisser un clergé aussi national que celui d'Irlande et de Bretagne, de lui enlever graduellement sa vie populaire. Un acte plus grave que les tracasseries des premières années, la création du collège philosophique, vint, d'ailleurs, permettre tous les soupçons, autoriser les alarmes de toutes les consciences. En vain les apologistes du gouvernement hollandais diraient-ils que, sur les résistances du clergé, cette mesure fut enfin révoquée dans ce qu'elle avait d'impératif, qu'un concordat avec Rome redressa plus tard les griefs principaux de cette religieuse population. Qu'importe, si chaque tentative du pouvoir indiquait sa pensée secrète, et chaque redressement nouveau l'irrésistible force de l'opinion publique ? C'était montrer en même temps de mauvaises intentions et de l'impuissance.

Si durant le cours de cette union mal assortie les réclamations des Belges furent presque toujours légitimes, hâtons-nous d'ajouter que les efforts des Hollandais, pour maintenir une prépondérance antérieure, ne l'étaient peut-être pas moins. Lorsque le gouvernement des Pays-Bas supprima, par exemple, le jury et la procédure française, il blessa les mœurs et les idées de la Belgique ; mais imposer ces formes à l'universalité du royaume, n'eut-ce pas été violer toutes les habitudes de la Hollande, la faire passer sous le joug d'une législation étrangère ?

Les raisons officielles ne manquaient jamais, d'ailleurs, pour justifier les mesures qui causaient la plus vive irritation. S'agissait-il de mesures fiscales impopulaires dans les provinces méridionales, telles que la *mouture* et *l'abattage* ? il fallait pourvoir aux dépenses de canalisation et d'établissements coloniaux, dont la Belgique agricole et manufacturière profitait plus que l'autre partie du royaume. Était-il question de fixer dans le nord le siège des principaux établissements d'instruction publique et de haute administration ? la Belgique se trouvait par sa situation plus exposée aux agressions étrangères ; il convenait donc d'en écarter les institutions qui, par leur nature et leur importance, exigent une plus complète sécurité. Le système était suivi avec persévérance par un prince d'une haute habileté administrative et financière, par des ministres agents dociles et dévoués de la volonté royale. La prospérité publique était grande, le crédit s'élevait appuyé sur une banque dont le roi Guillaume est demeuré l'un des principaux actionnaires. L'administration était bonne, quoique fort chère ; un document authentique l'établit, et la Belgique l'éprouve.

Cet édifice s'est abîmé presque sans résistance dans le gouffre sans cesse ouvert sous ses fondements. L'œuvre de la diplomatie a disparu, presque sans laisser de traces, et l'Europe a compris qu'en présence des bouleversements qui la menacent, il pouvait être utile à ses intérêts de consulter la nature, de l'aider même à revivre là où elle semblait éteinte.

Nous savons la large part qu'il faut attribuer, dans le mouvement de septembre, à l'influence française et au contre-coup de juillet. Nous ne pensons pas que tous ceux qui arborèrent les couleurs brabançonnes au sortir du théâtre où l'insurrection poussa son premier cri, que ceux même dont les cendres reposent sur la place des Martyrs, au pied du lion belge et de la croix, fussent dévoués de cœur et d'âme à la cause des Egmont, des Anneessens et des Vandernoot. Un grand nombre désiraient la réunion à la France révolutionnée, la plupart s'abandonnaient à l'entraînement de théories d'autant plus puissantes qu'elles sont plus vagues ; mais les révolutions appartiennent moins à ceux qui en sont les instruments, qu'à ceux qui les acceptent et les consacrent, en dégageant du milieu de leurs confus éléments l'idée-mère qui en fait la force et l'avenir.

Le mouvement de septembre, commencé par un libéralisme cosmopolite, entra promptement dans une voie plus précise et mieux définie. Toutes les forces de la société lui sont venues en aide : le clergé, qui, dans les Flandres et la Campine, bénissait les gardes civiques et poussait les populations en masse aux scrutins électoraux ; la bourgeoisie, qui presque entière a conservé dans ce pays les mœurs religieuses et libres des cités municipales ; les classes lettrées, qui ont fourni à la révolution belge ses négociateurs et ses premiers gouvernants ; la noblesse, accourue du fond des provinces ou de la terre étrangère pour prendre part au péril, et qui, dans Frédéric de Mérode, a donné à la Belgique le premier héros de son indépendance reconquise.

Cette révolution, à l'exemple de celle qui lui servit de signal, a été quelque temps incertaine de son caractère et de ses destinées. Mais bientôt la force prépondérante s'est fait place en écartant tous les éléments incompatibles avec elle. Le premier instigateur du mouvement, M. de Potter, est rentré dans son néant, sans qu'on s'aperçût même de sa disparition. MM. Gendebien et Séron continuent à la chambre une opposition sans importance et sans écho ; et tandis qu'en France la révolution de juillet, se dégageant de l'émeute et de la guerre qui grondèrent sur son berceau, finit par consacrer la souveraineté parlementaire et la prépondérance pacifique de la bourgeoisie, le mouvement belge, après des oscillations analogues, remettait le pouvoir aux mains du parti catholique, le plus vivace représentant de la nationalité. C'est ce principe de nationalité imprescriptible que les grands pouvoirs de l'Europe ont dû proclamer en lui rendant un tardif hommage, et l'on peut croire que vingt années ne se passeront pas sans que de grands évènements ne les conduisent à chercher le salut du monde dans une autre application du même dogme, et sans que le mémorable précédent de la conférence de Londres ne soit invoqué dans une plus grande cause.

La Belgique a mission de remettre en honneur, par ses progrès politiques, cette doctrine du droit historique et national dont elle a bénéficié la première. Quant à l'Europe, sa tâche semble terminée : elle l'a remplie aux applaudissements du monde, avec une consciencieuse entente de la matière qui expie les légèretés de 1815.

Ce n'est que par un étrange renversement de toutes les notions du droit public qu'on a prétendu imposer aux puissances signataires des actes de Vienne l'obligation de maintenir, au profit de la maison d'Orange, un établissement dissout *de facto*, et dont une tentative de restauration aurait compromis, bien loin de la défendre, la cause européenne. Le but des parties contractantes, en réunissant la Belgique à la Hollande, avait moins été de grandir la famille de Nassau dans la hiérarchie des maisons princières, que d'empêcher la réunion de ce pays à la France. Dès-lors, en proclamant l'indépendance du nouveau royaume, on est resté dans l'esprit, sinon dans la lettre des traités.

L'Europe eût désiré, sans doute, circonscrire la révolution belge dans les plus étroites limites. Elle espéra un instant qu'un redressement de griefs pourrait suffire à rétablir l'harmonie ; elle se rattacha ensuite à l'idée d'une séparation administrative ; elle appuya plus tard l'indépendance sous un Nassau ; enfin, elle dut déclarer solennellement que tout était consommé ; elle rendit la Belgique à elle-même, n'imposant à cette liberté d'autres restrictions que celles commandées par les intérêts d'un ordre supérieur, intérêts de sociabilité générale, que tous les ambassadeurs à Londres avaient reçu mission de protéger. Les hommes de prévoyance se rattachaient d'ailleurs à ces demi-mesures, bien plus comme à des expédients dilatoires, que comme à des résultats définitifs.

Un prince d'Orange à la tête d'une révolution dont le mobile était la haine de la Hollande eût été une monstruosité dans l'ordre moral. La séparation administrative était une absurdité dans l'ordre politique. Quelles eussent été dans ce cas les limites des provinces méridionales et septentrionales ? Toutes les questions territoriales débattues à Londres n'auraient-elles pas surgi lors de cette fixation, et, pour les résoudre, le roi Guillaume aurait-il joué le rôle de la conférence ? Se figure-t-on un prince, maître Jacques politique, sanctionnant pour les deux parties d'un même royaume les principes les plus opposés : en Hollande, la liberté commerciale ; en Belgique, le système protecteur ; faisant fleurir ici la législation française, ailleurs les coutumes des Provinces-Unies ; élevant des barrières de douanes entre ses deux moitiés d'état, commandant à deux armées, parlant deux langues officielles, s'exprimant le matin en français en qualité de roi de Belgique, le soir en idiome néerlandais comme roi de Hollande ?

Quand la branche aînée des Bourbons disparut dans une tempête qui grossissait depuis quinze ans, nombre d'esprits élevés et de nobles cœurs faisaient aussi des vœux pour que le mouvement populaire, après avoir assuré le triomphe de la Charte et de la liberté, s'arrêtât devant un redressement de griefs, puis devant le front découronné d'un vieillard, enfin devant le berceau d'un enfant. L'Europe partageait ces vœux de conciliation et de paix ; mais elle comprit toutes les impossibilités d'une situation terrible, et peut-être devina-t-elle qu'il serait plus difficile de se faire accepter par une révolution dont on était né l'ennemi que de la contenir lorsqu'on en sort. Sa conduite à Paris traçait d'avance sa conduite à Bruxelles.

Qu'on ne tire pas de conséquences trop absolues de cette similitude établie entre la royauté de la maison de Bourbon en France et celle de la maison d'Orange dans les Pays-Bas. Ces situations n'étaient analogues qu'en ce qu'elles reposaient sur un antagonisme également inconciliable : il suffit, pour en apprécier les différences, de voir ce qu'est aujourd'hui l'orangisme en Belgique. Si l'on dit que l'opinion légitimiste est aussi impuissante en France que l'opinion orangiste peut l'être dans les Pays-Bas, je l'accorderai volontiers, car je ne crois pas plus d'avenir à l'une qu'à l'autre ; mais au moins le parti légitimiste se lie-t-il chez nous à une cause aussi vieille que la monarchie, et a-t-il reçu en d'autres temps le baptême des tribulations. Si les espérances s'éteignent graduellement dans son sein, il lui reste cependant une certaine communauté de sympathies gouvernementales, une autorité d'éducation, de fortune et de moralité, qui lui permet de peser quelque poids dans la balance et de se ménager une transaction honorable. J'ai cherché vainement quelque chose d'analogue en Belgique. On trouve dans ce pays des intérêts orangistes ; il existe des partisans de l'ancien gouvernement dans des rangs très divers de la société, ils sont même en assez grand nombre dans certaines villes ; mais ces éléments n'ont entre eux aucune sorte de cohésion ; ils ne sont liés par aucun engagement de conscience et d'honneur au triomphe de leur cause. Ici ce sont quelques serviteurs des princes déchus qui ont perdu leur position de cour, ailleurs des négociants qui regrettent des débouchés lucratifs, des capitalistes surtout engagés d'intérêts avec le chef de la maison régnante : ces sentiments se traduisent en places et se cotent en *doit* et *avoir*. Rencontrez-vous un ennemi de la révolution et de l'indépendance belge ? vous pouvez demander avec quasi-certitude d'obtenir une réponse catégorique, par quel motif d'intérêt cet homme appartient à l'opinion orangiste. Si, en France, quand la vieille monarchie y levait encore des armées, vous aviez interrogé le paysan vendéen, le compagnon de Condé, tombé des voluptés d'une vie somptueuse au métier de soldat à cinq sous par jour, ils auraient rien su vous répondre, sinon que leur sang appartenait de droit à cette cause.

Aujourd'hui que les transactions commerciales ont pris en Belgique une activité inespérée après une aussi grave perturbation, et que les plus beaux noms des Pays-Bas ont fait acte d'adhésion à la jeune royauté belge, le seul lien du parti orangiste est, il faut le dire, la haine du catholicisme et de la France. Ce double sentiment se donne libre carrière dans quelques feuilles que les fonds secrets de la Hollande stipendient peut-être, mais que le roi Guillaume est trop moral pour avouer. Le temps n'est pas éloigné où le parti orangiste ira s'abîmer dans le libéralisme anti-religieux et anti-national, qui repose sur le même fonds d'antipathies, opinion qui se console de son impuissance par le scandale, et dont les organes font trop souvent rougir la pudeur et désespérer de la liberté.

Nous venons de parcourir les siècles, et nous avons partout trouvé, souvent confuse, mais jamais éteinte, une idée méconnue, aspirant à se faire jour. Nous apprécierons bientôt l'établissement constitutionnel du 7 février 1831 ; mais il faut nous rendre compte d'abord de la situation politique et commerciale faite au nouveau royaume de Belgique par le traité du 15 novembre, qui a fixé ses limites et déterminé ses conditions d'existence.

Chapitre 2

Jamais la politique européenne n'entreprit une tâche difficile avec moins de confiance et plus de succès qu'en 1830. Entre les grands pouvoirs appelés à fixer le sort du monde, rien de commun ni dans l'origine, ni dans les doctrines, ni dans les personnes : aucun principe de droit public universellement admis ; les uns partant de la souveraineté du peuple et de la volonté nationale ; les autres de la suprême autorité des rois et des traités qui la consacrent, dogmatiquement. A cette diplomatie dont les membres se trouvent face à face en état de suspicion et presque d'hostilité, à ce congrès que le bruit des révolutions menace de dissoudre d'heure en heure, la Providence jette la question la plus inflammable par elle-même, la plus ardue par ses détails, la plus propre à échapper aux négociateurs, par la mobilité de l'une des parties aussi bien que par l'obstination de l'autre.

Et pourtant, cette diplomatie livrée d'abord à tant d'hésitations, qui proclamait le principe de non-intervention pour l'abandonner le lendemain, dont l'action prenait tantôt le caractère d'une médiation amicale, tantôt celui d'un arbitrage coercitif, tant elle était embarrassée pour se définir elle-même ; cette conférence de Londres, réunie sur l'invitation expresse du roi des Pays-Bas pour *aviser au maintien des traités de 1815*, et que le congrès belge, de son côté, ne considérait que *comme exerçant une mission de pure philanthropie*, a fini par constituer souverainement une nation, lui traçant des frontières et interdisant à l'ennemi de la franchir ! puis, pour prix de son admission dans la famille des peuples, elle l'obligea à choisir un chef qui pût se mettre en harmonie avec le système général de l'Europe ; elle trancha en dernier ressort, malgré les protestations des uns et les réserves des autres, toutes les controverses d'intérêt, toutes les difficultés commerciales ; elle s'est enfin proclamée, au nom du salut de tous, suprême pouvoir constituant et modérateur.

Indépendamment des passions politiques qui entravaient à chaque instant le cours de ces transactions, et des augustes amitiés qui répugnaient à imposer des décisions sévères, jamais dissolution de communauté, traitée dans l'étude d'un procureur d'après la distinction des acquêts et conquêts, ne fourmilla de plus de difficultés. C'était à défier les plus valeureux procéduriers, les plus intrépides liquidateurs. Comment fixer l'apport de chacune des parties ? A quelle époque remonter, puisque la Belgique n'avait pas d'existence propre lorsque l'union fut consommée ? Quel droit appliquer pour les acquisitions faites en commun, pour les dédommagements réclamés par la Hollande, à raison des sacrifices faits par celle-ci dans le but d'amener une union dont elle cessait de recueillir le bénéfice ?

En 1814, les provinces belges formaient huit départements français et rien de plus. Ces pays, conquis comme le reste de l'empire, n'avaient ni unité antérieure, ni dynastie nationale, ni délimitation régulièrement reconnue, dans le droit public de l'Europe. Cet état de choses durait depuis 1794. De cette dernière époque à 1810, plusieurs transactions étaient intervenues entre la république batave et la France. Celle-ci avait acquis la Flandre zélandaise, toutes les enclaves et possessions hollandaises sur la Meuse ; avec Maëstricht et Venloo, divers territoires dans le Brabant méridional et dans la Gueldre. La Belgique indépendante pouvait-elle revendiquer, du chef de la France, tout ou partie de ces acquisitions, réunies pendant vingt années à ses départements, et administrées, avec eux ? Lui était-il interdit de réclamer le bénéfice de la contigüité de territoire et du désenclavement, principes proclamés par l'Europe elle-même ? Était-ce à elle ou bien à la Hollande qu'il appartenait d'exercer le droit de *postliminii* ?

En remontant à l'époque où commencèrent les grandes perturbations européennes, les Pays-Bas autrichiens se présentaient, il est vrai, avec une délimitation précise : mais la Hollande pouvait-elle la consacrer ? la Belgique elle-même consentirait-elle à ce que les choses fussent remises sur le pied de 1790 ?

Si l'Autriche possédait alors les provinces belges, le Luxembourg et la plus grande partie du Limbourg, le pays de Liège était sous la souveraineté du prince-évêque, qu'il exerçait également sur la moitié de la ville de Maëstricht. Or, aucun titre légal, si ce n'est le vœu révolutionnaire qui n'en tenait pas lieu pour l'Europe, n'avait attribué les états de Liège à la Belgique. Quel droit pouvait-elle également prétendre, en partant de l'état de possession de 1790, aux districts détachés de la France avec Philippeville et

Marienbourg, que le congrès de Vienne, dans un intérêt de défense européenne, avait réunis, en 1815, au royaume : des Pays-Bas ? Enfin, si l'on remontait aux temps de la domination autrichienne pour y chercher des titres, ne devait-on pas aussi faire revivre les servitudes, que l'Espagne et l'Autriche avaient établies sur le sol belge au profit de la Hollande ? Le traité de Munster, avait prononcé la roture de l'Escaut ; il imposait à tout navire, venant de la haute mer, l'obligation de décharger à l'embouchure du fleuve, et les cargaisons devaient être transportées en Allemagne ou en Flandre par navires hollandais à l'exclusion de tous autres. La Belgique de 1830 subirait-elle encore cette loi sous laquelle elle s'était courbée pendant deux siècles ? Etait-elle en mesure de réclamer l'application des principes du nouveau droit maritime proclamé à Vienne, et triompherait-elle jamais des résistances de la Hollande, que l'Europe n'avait pu vaincre après quinze années de négociations assidues ?

De plus graves difficultés s'élevaient. Quoique le congrès de Bruxelles arguât de l'incontestable nationalité belge du Luxembourg, de ses vœux, de la part prise par lui à la révolution de septembre, les puissances signataires des actes de 1814 et 1815 ne pouvaient oublier que, lors de la conquête de l'empire, le grand-duché, détaché des provinces belges, avait été donné postérieurement par elles, à titre de souveraineté particulière, au roi des Pays-Bas, en remplacement des quatre principautés nassauriennes cédées à la Prusse. Si ce prince avait plus tard, par un simple arrêté, réuni le grand-duché aux provinces méridionales, un tel acte, irrégulier par, lui-même, ne pouvait lier les cours signataires, et ne changeait en rien le titre en vertu duquel le Luxembourg avait été primitivement possédé. Ce pays était donc dans une situation tout exceptionnelle vis-à-vis du roi Guillaume, des agnats de sa maison, et de la confédération germanique dont il faisait partie. Enfin, dans le Luxembourg même, se trouvait enclavé l'ancien duché de Bouillon qui, avant 1790, appartenait à la maison de ce nom. Les prétentions de ses membres revivraient-elles ? en quelles mains ces droits étaient-ils passés ?

La révolution belge, logique comme toutes les révolutions, repoussait péremptoirement toutes ces distinctions. Elle professait en principe que la participation donnée aux actes du congrès national par les députés du Luxembourg ; aussi bien que par ceux du Limbourg, constituait un titre qui annulait tous les autres. Mais, quelle que soit la valeur du principe de nationalité, quel que puisse être son avenir, il était primé dans le droit public européen par l'autorité des faits et des conventions politiques, et ces faits créaient des titres incontestables à qui pouvait les invoquer.

Des difficultés analogues se présentaient relativement au partage de la dette. Sur les 27.772.275 florins de rente annuelle affectés par les derniers budgets du royaume des Pays-Bas au paiement de l'intérêt de la dette, une somme de 10.100.000 florins représentait seule celui de la dette commune créée pendant la réunion. Pour cette partie, une proportion naturelle se présentait au prorata des contributions acquittées par les deux grandes divisions du royaume, et un calcul établi sur les trois dernières années de la réunion fixait la part de la Belgique aux seize trente-unième. Mais comment statuer pour le reste ? Fallait-il ne mettre à la charge du nouvel état que la dette ancienne des Pays-Bas et la dette dite austro-belge ? Celle-ci se trouvait dans un très faible rapport avec la masse de la dette hollandaise, et il était douteux que le crédit de la Hollande, gravement affecté par la séparation des provinces belges, pût supporter une telle charge sans succomber. Y aurait-il justice, d'ailleurs, à l'imposer à ce pays, alors que sa position politique était si violemment changée, qu'il n'était réintégré dans aucune de ses possessions coloniales, et que l'Europe lui interdisait l'emploi des armes, ce premier attribut d'une souveraineté indépendante ? Ne fallait-il pas que la Belgique acquit à titre onéreux l'usage des eaux intermédiaires et du transit vers l'Allemagne qu'elle réclamait comme condition d'existence ? Pouvait-elle passer de la situation de *fonds servant*, qui avait été si longtemps la sienne, à celle de *fonds dominant*, sans payer cet avantage par une participation quelconque au lourd fardeau de la dette hollandaise ?

Tel était l'inextricable réseau de difficultés qui enlaçait la conférence. Espérer le dénouer autrement qu'en le tranchant, était une illusion qui ne pouvait manquer d'être bientôt comprise. La première venue de ces questions, celle de l'Escaut et des eaux intermédiaires, par exemple, eût exigé, pour être résolue par une médiation régulière, de longs travaux de la part des négociateurs, en même temps qu'un désir sincère de s'accorder chez les parties. Or, la diplomatie de ce temps-là se faisait au bruit du réveil de la Pologne, durant les agitations de l'Italie et de la Péninsule espagnole. Les courriers partaient entre deux émeutes ; le drapeau rouge et le drapeau blanc, simultanément déployés sur notre sol, venaient rendre plus intraitables les prétentions que la conférence s'efforçait vainement de concilier.

La Belgique, de son côté, avait la foi fanfaronne d'une révolution qui se trompe de date, et qui demande aux passions une sanction qu'elle ne peut recevoir que des intérêts. La Hollande méprisait son adversaire, et croyait représenter à elle seule l'ordre européen et la cause des traités. On était si affectueux pour elle ; en imposant des sacrifices pour le présent, on laissait entrevoir pour l'avenir tant de vagues espérances, qu'il était naturel qu'on ne prit pas d'abord fort au sérieux à La Haye les rigoureuses prescriptions des protocoles. La conférence elle-même ignorait à quel titre elle agissait, quelles seraient les limites de son action ; et nul doute que si, en janvier 1831, elle avait pu prévoir le siège d'Anvers, elle se fût gardée de s'engager à ce point. Qu'on n'oublie pas qu'à l'époque où M. Sébastiani déclarait que « la conférence était une médiation, et que l'intention du gouvernement du roi était qu'elle ne perdît jamais ce caractère, » les ambassadeurs, sans tenir compte des protestations réitérées des envoyés néerlandais, qui n'avaient pouvoir de conclure qu'un armistice à bref délai, imposaient l'armistice indéfini « comme un engagement envers les grandes, puissances. »

C'est le propre des œuvres importantes de n'être dues, à proprement parler, à personne, et de sortir comme d'elles-mêmes du sein d'une situation compliquée. Les grands pouvoirs qui se réunirent en conférence, bien plus avec le désir de voir se développer les évènements que dans l'espérance de les dominer ; les princes qui souvent désavouèrent du fond du cœur, et autrement peut-être, leurs ministres officiels, ne supposaient pas qu'ils arriveraient à consacrer pacifiquement la base d'un droit public européen, dont la question belge fut à la fois le prélude et la pierre de touche.

Il s'est effectivement dégagé des complications de notre temps, un fait de plus en plus éclatant et moins contesté. Il reste établi qu'au-dessus des théories inflexibles des partis, des intérêts nécessairement égoïstes des cabinets, plane un droit plus éminemment social, qui peut imposer, même par la force, des transactions et des sacrifices à tous. Ce fait appartient aujourd'hui à la civilisation européenne, c'est le gage de son avenir.

La Belgique, pendant le cours de ces négociations, qu'interrompit une défaite, fut loin de grandir dans l'opinion du monde. Son inexpérience de la vie politique, ce manque de sérieux qui caractérise les peuples longtemps abaissés, ces torches révolutionnaires agitées par des pygmées, et qu'il suffisait d'un peu d'eau pour éteindre, l'ensemble enfin d'une situation prise à faux dans le principe, et qui ne se rectifia que par l'ascendant lentement établi de quelques hommes supérieurs, lui enleva toute force propre ; et après la campagne du prince d'Orange, la France qui l'avait sauvée, stipula seule pour elle.

Reconnaissons toutefois que, dans l'abandon où l'opinion publique sembla laisser, alors la cause belge, il y avait quelque injustice. Au milieu de la désorganisation des finances et de l'armée, n'ayant pour faire face à l'ennemi que des masses de gardes civiques et quelques régiments dont les cadres d'officiers avaient été remplis par tous les héros de comptoir qui quittaient l'aune pour l'épée, un pays attaqué par les armes, les intrigues et l'or de la Hollande, et dont les plus chauds alliés méditaient parfois le démembrement, ne pouvait vraiment préparer une défense sérieuse. Son gouvernement était alors dans la pire des situations : le sentiment révolutionnaire avait perdu son essor, comprimé qu'il avait été par la diplomatie, et la force régulière destinée à lui survivre n'était pas encore organisée. Sous le rapport de l'influence extérieure, la position n'était pas moins déplorable. Le parti propagandiste en Belgique unissait au danger de ses principes le ridicule de son impuissance. Le parti qui gouverne aujourd'hui, et qui, malgré tout ce qui lui manque, est le seul qui puisse faire refleurir une sorte de nationalité belge, le parti des vieilles mœurs et des croyances populaires, était alors trop ignorant des affaires, trop géométriquement dévoué à ses récentes théories libérales, pour pouvoir se présenter avec avantage devant l'Europe.

Heureusement que l'autre nuance de l'union vint fournir à la révolution belge des agents tels qu'il en faut quand on est faible et qu'on a besoin des forts ; hommes d'expérience et de ressourcé, plus habiles que passionnés, plus éclairés que convaincus ; sorte de gens qui ne fondent ni l'avenir des nations ni celui des dynasties, mais qui sont toujours utiles, souvent indispensables aux unes et aux autres ; ces hommes que le barreau et la rédaction des journaux politiques avaient préparés pour la tribune, étaient pour la plupart, par la modération de leur caractère et la nature de leur esprit, accessibles à toutes les idées d'ordre légal, de droit historique et conventionnel ; enfin, l'obscurité dont les évènements les avaient fait sortir pour élever leur subite fortune les attachait par les plus forts de tous les liens à la cause pour laquelle ils s'étaient compromis autant que personne. Ils étaient à ce double titre les seuls intermédiaires entre l'Europe et la révolution, les seuls qui pussent avoir action sur l'une et sur l'autre. C'est à ces hommes que la Belgique doit son existence politique ; leur nom restera toujours inscrit aux fondements de l'édifice. Si en Belgique comme en France le parti révolutionnaire provoqua le mouvement, il échappa vite dans les deux pays aux mains de ses premiers moteurs. Chez nous le pouvoir est passé à la bourgeoisie industrielle, en Belgique aux propriétaires qu'on ne saurait mieux désigner que sous le nom de parti catholique et municipal. Une phase intermédiaire a séparé ces deux termes : le parti des hommes politiques a servi de transition ; lui seul a imprimé sa forme à la révolution, et lui a procuré le baptême européen.

Je n'ai pas le projet de retracer les négociations compliquées qui précédèrent le traité du 15 novembre 1831, lequel fixa le sort de la Belgique relativement à l'Europe, et la convention du 21 mai 1833, qui détermina sa position actuelle par rapport à la Hollande. Ce serait s'imposer la tâche de refaire le beau livre de M. Nothomb, et un excellent travail sur les protocoles de Londres par un jeune publiciste français. Il suffit de rappeler qu'elles se divisent en trois périodes principales : les bases de séparation du 27 janvier 1831, les dix-huit articles du 26 juin ; enfin, les vingt-quatre articles du 14 octobre, convertis en traité définitif le 15 novembre de la même année. A chacune de ces périodes, les négociations reçoivent la couleur que leur impriment les circonstances et l'influence dominante, et l'on voit la conférence de Londres affermissant sa marche, apercevant plus distinctement son but, passer de simples propositions officieuses à la menace de mesures coercitives, que deux des puissances signataires se chargent enfin d'appliquer. Nous esquisserons rapidement ce que d'autres ont si bien développé.

Les bases de séparation consacraient en faveur de la Belgique le principe de l'indépendance ; mais les conditions en étaient fixées d'une manière désastreuse pour elle. Toutes les questions territoriales étaient résolues contre le nouvel état ; on repoussait, sans même les discuter, ses prétentions sur le Luxembourg ; le *statu quo* territorial de 1790 était consacré en faveur de la Hollande : elle seule devait bénéficier du droit de *postliminii* à l'égard de la rive gauche de l'Escaut et de la Flandre zélandaise, de Maëstricht et des enclaves du Limbourg. Le fardeau de la dette, sans distinction d'origine, devait être supporté par la Belgique dans la proportion de seize trente-unièmes, terme représentatif de la part contributive acquittée par la totalité des provinces méridionales de l'ancien royaume des Pays-Bas, et qu'on maintenait contre le nouvel état si considérablement amoindri. En compensation de cette charge, la Belgique devait être admise sur le même pied que la Hollande au commerce des colonies ; la liberté de l'Escaut et l'usage des eaux intermédiaires entre ce fleuve et le Rhin lui étaient garantis selon les principes du traité de Vienne. Ainsi, les hautes puissances promettaient aux Belges ce qu'elles n'obtenaient pas pour elles-mêmes depuis 1815, et la Belgique recevait à Batavia, sous le bon plaisir de la Hollande, la compensation d'un avantage plus que précaire qu'elle devait acquitter en deniers comptants.

Le roi Guillaume accepta avec empressement les *bases de séparation* ; le congrès belge les repoussa avec violence. L'un comprit que la fortune ; ne saurait guère lui donner mieux, l'autre que le malheur ne pourrait lui imposer pis.

Du jour où l'Europe se fut entendue pour arrêter ces bases, la révolution belge se trouva sinon fixée d'une manière définitive, du moins contenue dans son essor. Durant les premiers moments d'hésitation et d'incertitude, cette révolution eut pu oser bien plus peut-être qu'elle n'a fait. Elle se fût alors étendue dans la Flandre zélandaise, se fût emparée de Maëstricht sans provoquer une intervention étrangère, et sa position militaire et politique devenait alors toute différente, car personne n'ignore que l'obligation de conserver Maëstricht à la Hollande a seule déterminé le morcellement du Limbourg. Du moment où l'Europe se saisissait des questions qui, d'abord, avaient été livrées à la force et à l'audace, une phase nouvelle commençait. En révolution, l'instant où l'on peut tout est souvent proche de celui où l'on ne peut plus rien.

Mais si la Belgique avait perdu sa puissance révolutionnaire, elle commençait à se recommander à un autre titre, auprès de la diplomatie, et le prestige ne disparut que lors de l'expédition du prince d'Orange. Le refus fait par la France, d'accepter la couronne offerte à M. le duc de Nemours avait rassuré l'Europe ; elle désirait vivement faciliter l'élection du prince de Saxe-Cobourg, candidat unique, également agréable à l'Angleterre et à l'Allemagne, et auquel un mariage inspirerait bientôt des sympathies françaises. L'horizon s'éclaircissait d'ailleurs en France, Casimir Périer rassurait l'Europe, et avait droit de lui faire payer une sécurité dont on lui était redevable ; en Belgique, les deux ministères du régent avaient agrandi l'importance du parti politique ; enfin, la révolution, sans avoir encore perdu sa foi en elle-même, consentait à étudier les questions qu'elle avait d'abord tranchées avec une despotique hauteur. C'était l'instant le plus favorable pour fixer le sort de ce pays.

On comprit à Bruxelles qu'un pas immense serait fait si l'on parvenait à séparer la question luxembourgeoise, en offrant de la vider moyennant des indemnités pécuniaires. On renonça à faire valoir des prétentions insoutenables en droit sur la Flandre des États, territoire appartenant à la Hollande depuis le traité de Munster, et dont cette puissance s'était remise en possession dès 1813, à la chute de l'empire français. Ce pays ne s'était pas même associé à la révolution de septembre ; et la convenance de l'attribuer à la Belgique comme garantie indispensable de sa sûreté, de la liberté de sa navigation sur l'Escaut, et de l'écoulement des eaux des Flandres, ne suffisait pas pour autoriser une spoliation évidente. On se résigna donc à remplacer par des stipulations diplomatiques les garanties territoriales auxquelles la victoire seule eût pu donner droit de prétendre.

Enfin, en argumentant de la lettre des *bases de séparation*, on fit habilement revivre, au profit de la Belgique déclarée *cessionnaire de tout ce qui n'appartenait pas en 1790 à la république des Provinces-Unies*, les vieux droits exercés par l'empereur, le roi de Prusse, l'évêque de Liège et autres princes, sur grand nombre de villes et villages du Limbourg, de la Gueldre et du Brabant septentrional. C'était ainsi que la Belgique se serait trouvée rigoureusement conduite à revendiquer, par exemple, la part de souveraineté exercée, en 1790, dans le marquisat et la ville de Berg-op-Zoom par l'électeur Palatin.

Jamais rusé procureur, enterré dans les liasses d'un long procès, n'avait trouvé un meilleur thème de chicanes. La guerre était portée sur le terrain ennemi ; et, le principe admis, des compensations réglées par arbitrage assuraient à la Belgique la presque totalité du Limbourg. Enfin, relativement à la dette, les puissances avaient fini par comprendre que cet état ne pouvait payer d'un prix exorbitant des avantages commerciaux impossibles à maintenir contre la malveillance du gouvernement néerlandais, et qui, d'ailleurs, étaient moins essentiels qu'on ne le supposait généralement à son existence et à sa prospérité commerciales. Il importait donc de faire substituer au principe du partage de la dette intégrale, celui de la division d'après son origine.

La Belgique, profitant des avantages que lui donnaient en ce moment une position moins agitée, et l'élection du prince Léopold, obtint alors des conditions que d'autres circonstances devaient bientôt modifier. La plupart des principes posés par ses négociateurs à Londres, MM. Devaux et Nothomb, furent consacrés ; on réserva la question du Luxembourg pour une transaction ultérieure, et le *statu quo* dans cette province fut maintenu au profit de la Belgique. On reconnut formellement les droits du nouveau royaume à la part de souveraineté exercée par l'évêque de Liège dans Maëstricht. C'était lui assurer implicitement la possession de cette place au moyen de l'échange des enclaves respectives. On garantit aux Belges la liberté de la navigation sur l'Escaut et les eaux intermédiaires ainsi que l'usage des canaux de

Gand à Terneuse et du Zuid-Willems-Waart, construits pendant l'existence du royaume des Pays-Bas ; enfin, il fut établi que le partage de la dette aurait lieu de manière à faire retomber sur chacun des deux pays la totalité de celle qui lui appartenait avant la réunion.

La signature des dix-huit articles intervertit soudain tous les rôles. La Hollande, qui avait accepté les bases de séparation, rejeta cet acte ; la Belgique, qui avait repoussé les protocoles de janvier, adhéra à ceux de juin ; et la conférence se trouva placée entre deux projets également formulés par elle et contraires dans plusieurs de leurs dispositions, projets dont chaque partie avait également droit d'arguer contre son adversaire. C'était pour les représentants des cinq puissances une de ces situations fausses auxquelles il n'est pas donné d'échapper lorsqu'on subit l'influence des circonstances sans être en mesure de les dominer.

Les bases de séparation avaient sanctionné les prétentions de la Hollande ; les dix-huit articles consacraient presque toutes celles de la Belgique. Les vingt-quatre articles, délibérés et rédigés sous le coup des importants évènements survenus en août, furent un terme moyen entre ces deux actes, et comme une transaction imposée pour échapper aux embarras qu'on s'était créés soi-même. Si ce traité consacra de nouveau les principes des dix-huit articles, ce fut en les interprétant dans le sens rigoureux des bases de séparation. C'était faire comprendre à la Belgique qu'elle avait été vaincue, à la Hollande qu'on ne lui permettrait pas de renouveler sa victoire. Le traité du 15 novembre, passé entre les cinq puissances et le roi

Léopold, est l'acte qui détermine d'une manière irrévocable les conditions de la vie politique pour la nouvelle monarchie ; il doit donc être apprécié sous ses principaux rapports.

Ce traité prouva que l'Europe jouait un jeu sérieux ; et, en stipulant implicitement l'emploi de mesures coercitives contre le roi Guillaume, il donna le gage le moins équivoque à la paix du monde. Sous ce point de vue, cette convention a donc une haute importance historique, aussi bien que comme proclamation d'un droit suprême européen. Mais lorsqu'on la considère en elle-même, dans ses dispositions spéciales, elle porte au plus haut degré l'empreinte de tous les embarras du temps, et elle se présente, on doit le reconnaître, avec le caractère d'une transaction provisoire et sans avenir.

Ce traité statue sur trois objets principaux : il règle souverainement et sans appel l'état territorial, le partage de la dette, la liberté des communications de la Belgique avec la mer et avec l'Allemagne.

On sait que la conférence, joignant les questions du Luxembourg et du Limbourg, résolut l'une et l'autre par le morcellement de ces deux provinces. Le Luxembourg wallon resta à la Belgique, le Luxembourg allemand fut déclaré souveraineté particulière de la maison de Nassau, pour être possédé par elle comme état de la confédération germanique (art. 2). Dans le Limbourg, la Hollande s'étendit sur les deux rives de la Meuse et domina son cours. Sur la rive droite, on joignit aux anciennes enclaves hollandaises tout le terrain compris entre ce fleuve et la frontière prussienne à l'est, la province de Liège au midi et la Gueldre hollandaise au nord. C'était créer un territoire pour Maëstricht.

Sur la rive gauche, on tira une ligne en partant du point le plus méridional du Brabant hollandais, pour aboutir à la Meuse entre Wessem et Stevenswaardt. Tout ce qui se trouva au nord de cette ligne fut attribué à la Hollande. La Belgique ne conserva le reste du Limbourg ainsi démembré qu'en perdant Maëstricht, érigé au sein même de son territoire en poste avancé de la Hollande (art. 4) ; Maëstricht, doublement redoutable comme clé de la Meuse et comme place de guerre, et sans lequel l'indépendance de ce pays ne peut exister que sous l'incessante protection de l'Europe. La part du nouvel état dans la dette fut fixée, sans distinction d'origine, à 8.400.000 florins de rente annuelle, dont le capital devait être transféré, à partir du 1er juillet 1832, du débet de la Hollande au débet de la Belgique (art. 13). Les dispositions de l'acte général du congrès de Vienne, relatives à la libre navigation, furent appliquées aux fleuves et rivières qui traversent les deux états, aussi bien qu'aux canaux et aux eaux intermédiaires entre l'Escaut et le Rhin (art. 9). Enfin, pour compenser, par une servitude au profit de la Belgique, les sacrifices qui lui étaient imposés, on lui maintenait la liberté de ses communications commerciales avec l'Allemagne par les villes hollandaises de Maëstricht et de Sittard. Le gouvernement belge était de plus autorisé à construire à ses frais une route nouvelle, ou à creuser un canal sur le territoire hollandais jusqu'aux frontières prussiennes (art. 12).

Telles sont les dispositions principales de l'acte le plus important qui ait été signé par les grandes puissances depuis le traité de Vienne. Sans nier que la conférence ait résolu le moins mal possible des questions qu'il s'agissait surtout de trancher vite, il suffit de jeter un coup d'ail sur la carte pour se convaincre que ces arrangements n'ont pas plus de bases rationnelles que de chances de durée. On ne saurait prendre au sérieux ce petit duché de Luxembourg, formé de la partie la plus sauvage de cette province, état d'environ 60.000 habitants, sans commerce, sans industrie, enclavé entre la Belgique et la France, et privé de débouchés vers l'une et vers l'autre ; genre de souverainetés qu'on respecte encore quand elles existent, mais qu'on ne crée plus, grâce au ciel ; objet d'échange et de compensation, que le roi Guillaume essaierait sans nul doute de troquer contre des districts de la Gueldre ou du pays de Clèves, si la France permettait jamais, ce qu'à Dieu ne plaise ! que les avant-postes prussiens passassent la Meuse pour s'étendre sur ses frontières, jusqu'à Rodanges, en face de Longwy.

Ne cherchons pas dans le morcellement du Luxembourg une pensée politique : prenons cette combinaison pour ce qu'elle est, pour un expédient qui permettra de gagner quelques années. La situation de la Belgique n'est pas mieux fixée ; et quelle que puisse être sa modération ; il ne lui sera pas donné de s'asseoir jamais dans les limites qui lui sont faites, comme dans une situation définitive. Conçoit-on ce pays dans sa neutralité perpétuelle, incapable d'acquisitions et de conquêtes, ne cherchant pas même, par la possession de Maëstricht, à s'assurer la rive gauche de la Meuse ? Comprend-on bien un état neutre, ayant sur son territoire une place formidable avec un rayon de 1.200 toises (art. 4), qu'il devra faire constamment surveiller par un camp de quinze mille hommes ? Sur l'Escaut, la position n'est pas moins précaire, les difficultés ne sont pas moins graves. Par le Limbourg, la Hollande peut envahir la Belgique ; elle peut l'inonder par la Flandre ; elle dispose à son choix de l'eau et du feu. Les deux rives de l'Escaut lui appartiennent, comme les deux rives de la Meuse. Les Belges, sont sous une perpétuelle menace de blocus maritime et, militaire ; il leur faut, pour se défendre, mieux que des protocoles. Si la première condition d'existence d'un état neutre est une complète sécurité de position et d'entour, qu'on juge de ce que vaut la *neutralité-perpétuelle* imposée à la Belgique par le traité du 15 novembre ! (Art. 7). Ce pays est contraint de choisir entre l'alliance de la France et celle de la Prusse. Décider qu'il n'en formera aucune, est une manière par trop étrange de trancher la difficulté.

Ces observations n'ont pas pour but de reprocher ses décisions à la conférence ; elles tendent bien moins encore à blâmer l'adhésion que la Belgique y a donnée. La première condition pour les peuples, c'est d'être ; la seconde, c'est de se développer graduellement selon les lois de leur nature. Ce peuple, placé entre une restauration et un partage, devait accepter toutes les conditions imposées par la diplomatie pour entrer au nombre des nations. Mais ses développements ultérieurs seront son œuvre, à lui seul il appartient de résoudre le problème de, son avenir.

Un jour viendra où il y aura une place à prendre en Europe ; il faut qu'il s'en empare ou qu'il disparaisse. Point de milieu pour cet état : avant vingt ans, la Belgique sera réunie à la France, et il sera démontré que la nationalité belge est une chimère ; ou la Belgique, liée d'intérêts avec nous, et grandissant à nos côtés, faisant dans un but européen ce qu'il nous serait interdit de faire nous-mêmes, se sera étendue sur le Rhin, en profitant, sans les provoquer, de bouleversements inévitables.

Quelle influence exerceront sur l'état territorial de l'ouest les grands évènements qui se préparent en Orient, immense révolution pour laquelle on dirait que le monde recueille silencieusement toutes ses forces et toutes ses pensées ? Nul ne saurait le dire. Mais alors même qu'il est impossible d'indiquer ce qui doit être, il est souvent possible de signaler ce qui ne sera plus. Que l'Allemagne tende à se recomposer par grandes masses ; que ses trente-quatre souverainetés, subdivisées en infiniment petits, selon le droit de succession princière, soient destinées à connaître enfin la dignité de la vie publique, qui ne se développe que dans les états de quelque importance, c'est ce dont il est impossible de douter. On ignore l'heure, on ne sait rien du mode ; mais on ne peut contester la tendance, à moins d'avoir des yeux pour ne point voir, des oreilles pour ne point entendre. L'Allemagne féodale de la bulle d'or engendra l'Allemagne moderne du traité de Westphalie ; celle-ci contenait en germe les sécularisations de Lunéville, qui ont préparé les médiatisations de Vienne. L'union commerciale est une transition où l'irrésistible puissance des idées et des intérêts précipite les peuples, et les princes même, dont elle accélère la destinée. Le moment viendra sans doute où la Prusse, refaisant la carte de l'Allemagne, et trouvant ailleurs d'amples compensations, abandonnera cette tête factice, séparée de son corps long et mince par un collier d'imperceptibles souverainetés, que le moindre souffle de sa poitrine dissiperait, si elle pouvait seulement respirer à l'aise. La Bavière, cédant à la même impulsion, cherchera autre part que sur le Rhin les larges développements que lui garde l'avenir. Cet horizon est confus, d'épais nuages le dérobent ; et, selon la volonté de la Providence et la sagesse des peuples, les grandes eaux qu'ils recèlent couleront en une pluie douce et féconde ou en désastreux orages.

La France reprendra-t-elle alors ce qu'on nomme ses frontières naturelles ? Ira-t-elle jusqu'à ce Rhin, fleuve sacré qu'on dit lui appartenir de droit divin, quoiqu'il coule en pleine Allemagne, et que notre langue ne soit pas comprise sur ses bords ? Qu'est-ce que des frontières naturelles ? Sommes-nous, depuis la division de l'empire de Charlemagne, dans un état contre nature ? La France de Napoléon était-elle plus naturelle que la France actuelle ? Où s'arrêter en fait de frontières naturelles ? Pourquoi la Meuse ne formerait-elle pas notre barrière à plus juste titre que le Rhin ? Pourquoi le Rhin plutôt que l'Elbe ? Si le vieux *père Rhin,* cette grande artère de la nationalité germanique, pour parler avec Goërres, est la limite nécessaire de la France, auquel de ses trois bras principaux devra-t-elle s'arrêter ? Lui faudra-t-il faire disparaître la Hollande et recommencer Napoléon ?

Je ne crois pas, pour mon compte, que le drapeau de la France, ce dieu terme de ses frontières, doive y demeurer à tout jamais immobile. Dans cet avenir, dont on se trouve quelquefois conduit à envisager les éventualités si incertaines, je pense que les unes pourront reculer, que d'autres seront infailliblement rectifiées ; mais je vois surtout grandir l'influence de ma patrie à mesure que se fixeront ses destinées politiques, et qu'elle comprendra mieux le rôle de modération et de haut arbitrage qui semble se préparer pour elle. On peut supposer, ce me semble, sans manquer de patriotisme, que la France ne sera pas seule appelée à profiter des changements que subiraient, par exemple ; les pays limitrophes du Rhin. Alors, si la Belgique existe encore, et qu'elle vive d'une vie qui lui soit propre ; si un gouvernement habile a tendu le ressort de l'esprit public, aujourd'hui relâché, et qu'en satisfaisant aux intérêts moraux et matériels, il ait rendu ce peuple confiant dans sa nationalité et disposé à la défendre ; si la Belgique a jeté en Europe les racines qui lui manquent encore, l'heureuse combinaison d'un état respectable entre la France et l'Allemagne pourrait se réaliser avec des

81

principes de cohésion et de durée, qui manquaient à l'œuvre du congrès de Vienne.

Pendant vingt ans, les provinces rhénanes ont reçu comme la Belgique l'action des idées françaises ; elles en sont restées empreintes sans devenir cependant plus françaises que cette contrée elle-même. Ces populations sont profondément religieuses ; le catholicisme rencontre sur le Rhin les mêmes obstacles que le roi Guillaume regrette peut-être aujourd'hui de lui avoir imprudemment suscités. Ces affinités sont puissantes ; les relations commerciales qui s'établissent entre Anvers et Cologne ne le seront pas moins. Bien des vieux souvenirs pourraient se réveiller, bien des convenances nouvelles viendraient à coup sûr les sanctionner ; et un jour venant, l'Europe et l'Allemagne elle-même pourraient bien se féliciter de ce qui leur inspirerait aujourd'hui de justes inquiétudes.

Je comprends qu'un vieil état s'arrête et rétrograde après avoir parachevé son œuvre. Le Portugal et l'Espagne, la Saxe, le Danemark, la Suède, sont dans ce cas ; de bien plus grandes puissances luttent vainement aujourd'hui contre le mouvement européen qui tend à les abaisser ; mais je ne saurais concevoir une nation née d'hier, prenant au sérieux sa neutralité perpétuelle, quoiqu'il lui faille, même après un arrangement avec la Hollande, entretenir une armée nombreuse, et renonçant à l'espoir de recueillir en aucun cas le fruit de sa prudence et de son courage. Quelle que pût être la régularité apparente de sa vie politique, je me dirais qu'un tel peuple est sans avenir.

Quels que fussent, au contraire, les embarras de son premier établissement, si je découvrais au nouvel état une mission importante, je ne désespérerais pas de ses destinées, parce que je les associerais à l'idée qu'il représente.

Il y a peu de poésie à voir des grenadiers bavarois montant la garde aux propylées d'Athènes, et les turpitudes de bandits exploités par des intrigants dégoûtent parfois les plus fervents philhellènes ; et pourtant je crois fermement à l'avenir de ce royaume de Grèce, parce qu'il a derrière lui l'empire caduc des Ottomans au partage duquel il est d'avance convié. La Belgique aussi exprime quelque chose ; elle n'est pas jetée dans le monde sans principe et sans but. A la paix de Westphalie, le duché de Prusse, fief de la Pologne aussi bien que la Courlande, était obscur et inconnu comme elle. Mais les intérêts nouveaux de l'Allemagne avaient besoin de se grouper les princes de Brandebourg comprirent leur rôle et surent le remplir. Leur pauvre électorat héréditaire, agrandi de la Poméranie, de la Silésie, d'une partie de la Pologne et de la Saxe, devint, au bout d'un siècle, une monarchie puissante. Des princes éminents firent de la Prusse le pivot de l'équilibre dans l'Empire. La Belgique peut devenir celui de l'équilibre entre la France et l'Allemagne ; mais il lui faut pour cela une habileté et une prudence bien rares chez les peuples.

La première condition prescrite à ce pays après sa révolution, c'était d'inspirer confiance à l'Europe. L'acte important qui suivit, après dix-huit mois de négociations infructueuses avec la Hollande, la ratification donnée par le gouvernement belge au traité du 15 novembre, établit combien cette confiance lui serait profitable.

Le roi Guillaume n'avait pas plus fléchi devant les instances de ses hauts alliés que devant le canon d'Anvers. Cependant l'espoir de voir éclater la guerre européenne s'éloignait chaque jour ; il fallait donc se résigner aux faits sans paraître céder sur les principes ; il fallait, pour toutes les éventualités, se réserver ces droits que la Hollande avait appris de l'Espagne à conserver sans espoir. Sous l'impression de ce double besoin fut signée à Londres, entre le ministre néerlandais et les plénipotentiaires de France et d'Angleterre, la convention du 21 mai 1833.

Les dispositions principales de cet acte consacrent, avec la cessation indéfinie des hostilités, le maintien du *statu quo* territorial jusqu'au traité définitif. Une telle disposition donne à la Belgique une situation provisoire beaucoup meilleure que celle qu'elle est destinée à conserver, puisqu'elle occupe tout le Luxembourg, et qu'elle exerce en ce moment dans le Limbourg, à Venloo et à Ruremonde, tous les droits de la souveraineté, tandis que la Hollande ne tient sur le territoire belge que les forts de Liefkenshoeck et de Lillo. Si pour arriver à un tel résultat, la Belgique a joué de bonheur, il est difficile de trouver que la Hollande ait payé d'habileté.

Peut-être est-il à regretter, pour le nouvel état, que l'effet prolongé de cette convention maintienne des intérêts belges et sans doute aussi des espérances dans des provinces, dont le sort est définitivement fixé par le traité du 15 novembre. L'exécution de ses dispositions en ce qui touche aux arrangements territoriaux et au paiement de la dette dont la Belgique est aujourd'hui dispensée, sera vraisemblablement pour le ministère le signal d'une crise très sérieuse. Les Belges commencent à s'accoutumer à vivre sur le provisoire comme s'il devait être définitif. Ils comptent trop sur l'obstination du roi Guillaume, auquel ils souhaitent longue vie aussi sincèrement que ses plus fidèles sujets de la vieille Néerlande.

Si le gouvernement et la législature acceptèrent des conditions rigoureuses, ils comprirent que la Belgique, commandée sur l'Escaut et sur la Meuse, ne formerait jamais une nation tant que sa vie commerciale resterait à la merci d'un arrêté du roi de Hollande. C'est pour échapper à un état aussi précaire, qui l'eût empêché, malgré les avantages de sa situation, d'organiser sur de larges bases le commerce de transit, cette vieille source de richesses pour les villes hanséatiques, que fut conçue l'entreprise hardie du chemin de fer d'Anvers à Cologne par Liège, aujourd'hui en pleine exécution.

Il y a dans ce courage et cette promptitude de résignation quelque chose d'honorable dont un plus grand pays n'eut peut-être pas été capable aux mauvais jours. L'opinion publique, s'est avidement saisie de cette pensée, les capitalistes s'y sont associés, les chambres l'ont revêtue de la sanction légale ; elle est passée de la théorie à une réalisation immédiate déjà fort avancée. Il est pénible d'avouer que pendant que l'on prépare lentement à l'une des barrières de Paris un chemin de fer pour amuser les femmes en guise de montagnes russes, la législature belge a voté les fonds d'une route qui embrasse l'ensemble du royaume dans toutes ses directions, et dont le tracé met en communication ses principales villes entre elles et avec sa capitale, leur ouvre des débouchés avec l'Escaut et la mer du nord par Anvers, Gand, Bruges et Ostende, avec la Prusse par Liège et Verviers, avec la France par le Hainaut.

Cette combinaison est trop importante en ce qui touche les rapports politiques et commerciaux de la Belgique avec l'Allemagne, pour que nous ne nous y arrêtions pas.

Une communication directe entre l'Escaut et le Rhin par les pays de Liège et d'Aix-la-Chapelle avait toujours été considérée comme une condition essentielle de la prospérité des Pays-Bas. Anvers et Cologne avaient fleuri ensemble et l'un par l'autre ; ils avaient succombé tous deux sous les entraves que la Hollande, à peine admise au rang des nations, sut imposer à l'Allemagne déchirée par la guerre de trente ans. Quelques villes s'étant arrogé le droit d'imposer les navires qui traversaient leur territoire, et l'empire ayant protesté par ses armées, les états-généraux formulèrent en doctrine de droit public ce qui n'avait été d'abord qu'un acte de violence. La ruine des plus florissantes cités de l'Allemagne fut la conséquence de cette faiblesse.

Napoléon, ce despote européen qui jetait à tous les vents des germes de liberté, proclama le premier, dans la convention de 1804, le droit égal de tous les états riverains à la navigation rhénane, il déclara en même temps la franchise du port de Cologne.

Depuis la paix et les arrangements de 1815, les relations commerciales entre Anvers et cette ville, malgré la lenteur des communications existantes, se sont élevées dans une progression chaque jour plus rapide. Rotterdam et Amsterdam, au contraire, qui expédiaient l'un et l'autre à Cologne en 1823 environ 10,400 tonneaux de marchandises, n'en envoyaient plus en 1827 que 7,500 et 8,400. Les choses en étaient à ce point lors de la dissolution du royaume des Pays-Bas, qu'Anvers, qui n'avait expédié, en 1823, que 1,968 tonneaux, avait élevé successivement son tonnage, en 1830, jusqu'au 1er septembre seulement, à plus de 12,000 tonneaux.

On comprend dès-lors la haute importance que devait mettre la Belgique à conserver et à étendre, par la création d'un chemin de fer, des relations contre lesquelles la concurrence hollandaise sera manifestement impuissante. Entravé dans le libre usage de la Meuse inférieure et du canal de Maëstricht, repoussé du Rhin par les droits que la convention de Mayence maintient à la Hollande, ce pays se trouvait obligé d'ouvrir au commerce de transit, dont il est appelé à devenir, l'entrepôt, une voie directe et rapide.

Entre les seuls projets exécutables, celui de l'achèvement d'un canal d'Anvers à Neus par Venloo, celui d'un chemin de fer par Sittard et le Limbourg hollandais, et le tracé par Malines, Louvain, Tirlemont, Liège et Verviers, pour joindre la frontière prussienne à Eupen, un gouvernement doué de quelque intelligence ne pouvait hésiter. Une disposition du traité du 15 novembre réserve, il est vrai, à la Belgique, le droit d'ouvrir par Sittard ou Venloo une communication directe avec l'Allemagne à travers le territoire hollandais ; mais ce sont là de ces clauses sur lesquelles il y aurait de la démence à fonder l'édifice de la prospérité publique. Il ne pouvait entrer dans l'esprit de personne d'attendre, pour user d'une telle faculté, le bon plaisir et l'autorisation de la Hollande. D'autres motifs d'utilité publique justifiaient, d'ailleurs, le tracé par le centre du royaume, et les dépenses plus considérables que ce plan entraînait nécessairement.

Le pays de Liège manque de débouchés suffisants pour les produits de ses innombrables usines. Dans la Prusse rhénane, les districts d'Eschweiler et de Düren, si riches en minerais et en houillères, les exploitations de lignite de Kerpen et de Frechen sont également dépourvus de communications faciles avec le Rhin et avec la Meuse. Cette direction était donc indiquée par la nature des choses ; et quelles que puissent être les préoccupations du gouvernement prussien, son administration est trop habile et trop paternelle pour refuser son concours à un projet d'un avantage manifeste pour ces provinces, et dont la pensée y a été avidement accueillie.

Rendre aux villes commerçantes du royaume plus que la révolution ne leur a ôté ; unir Anvers à Cologne par un trajet de douze heures; enlever ainsi à la Hollande le principal avantage de sa situation naturelle, en rectifiant par l'art ce que la configuration du nouvel état offre de défectueux ; enfin recommander la Belgique à l'Europe par l'une de ces entreprises d'avenir à laquelle tout un peuple s'associe, telles furent les considérations développées par le ministère pour triompher des intérêts locaux, hostiles à un tracé qui les laissait en dehors des grandes lignes de circulation.

Les députés du Hainaut protestèrent avec énergie au nom de leur province menacée de perdre un marché important. Les uns contestèrent l'utilité du projet, en élevant des doutes sur l'adhésion de la Prusse, et en établissant, objection plus plausible, que le premier effet du prolongement du chemin de fer belge sur le territoire allemand, s'il avait lieu, serait l'établissement par la Hollande d'une route rivale le long du Rhin et de la Meuse pour communiquer de Rotterdam à Cologne. D'autres, pour ne pas perdre de vieilles habitudes, menacèrent du courroux populaire, déclarant que si le gouvernement fermait l'oreille aux justes plaintes du Hainaut, cette province se lèverait bientôt tout entière pour lui faire entendre le langage de la force. Mais le Hainaut, plus patriote que son représentant ; resta calme, et obtint par amendement des concessions importantes. On dut insérer dans la loi l'engagement de réduire le péage sur les canaux de cette province au taux fixé pour le chemin de fer.

La Belgique recueillera en peu d'années les fruits d'une loi destinée à faire entrer ce pays dans des voies où aucune nation ne s'est encore aussi sérieusement engagée. L'imagination humaine n'ose embrasser la conséquence de ces grands changements. Il semble qu'on assiste, en ce siècle, à l'un de ces grands cataclysmes où toute une création s'abîme, et que nos enfants soient appelés à voir s'élever un monde nouveau dans d'autres conditions d'existence.

Les terrassements du chemin de fer, auxquels la configuration du sol belge prête de si grandes facilités, sont à peu près terminés jusqu'à Liège ; la route est déjà en pleine activité de Bruxelles à Anvers. Le voyageur assis à la longue file des waggons remorqués par la machine incandescente, voit apparaître comme dans un magique miroir ces vertes et longues pelouses où la Senne, la Dyle et la Nèthe s'enlacent en innombrables canaux. Après Laëken, dont la jolie coupole brille au-dessus des peupliers et des aunes comme celle d'un temple grec dans un bocage, il voit courir devant lui les jolis jardins de Wilvorde ; puis après quelques minutes, à la haute tour de Saint-Rombaut, ornée de ses quatre cadrans d'or, il reconnaît l'épiscopale Malines. En une heure il est à Anvers, parcourant l'immense cathédrale, et ces bassins, souvenir grandiose des gloires et des erreurs de l'empire.

On croit généralement en Europe que le commerce et l'industrie de la Belgique, exclus des colonies hollandaises, ont dû payer de leur prospérité l'indépendance que ce pays s'est acquise. Cette opinion fut aussi la nôtre, jusqu'à ce que des faits nombreux nous eussent montré qu'elle était peu justifiée par l'expérience. Ce résultat de recherches faites sans prévention semble d'autant plus étrange qu'il parait impossible de le concilier avec la perte d'un immense débouché qu'aucun marché nouveau n'a remplacé pour l'industrie belge. Il s'explique cependant par des raisons dignes d'être prises en considération sérieuse.

Il résulte des états publiés par le *Journal du Commerce* d'Anvers et l'on peut citer cette feuille avec pleine confiance lorsqu'il s'agit d'un fait favorable à la révolution de 1830, que le mouvement de ce port a été, en 1834 et en 1835, au moins égal à celui de 1828, la plus belle année du royaume des Pays-Bas, et que les arrivages excèdent ceux de 1827 et des années antérieures. Si du nombre des navires on passe à la masse des marchandises importées, on trouvera des résultats à peu près analogues. « A l'exception du café, on peut dire qu'il n'y a pas de diminution sur un seul article, malgré les circonstances politiques, malgré l'interruption partielle de la navigation, et malgré la suppression du transit vers l'Allemagne, tandis qu'il y a augmentation sur les trois articles les plus importants, le coton, le tabac, le sucre, lesquels servent de matière première aux filatures, aux fabriques de tabac et aux raffineries. Quant au café, la consommation ne peut en avoir diminué ; le pays ne perd donc en définitive que le bénéfice qu'aurait procuré le transit. »

Ces faits sont corroborés par la situation du port d'Ostende, où le chiffre de 70,000 tonneaux, qui n'avait jamais été atteint durant l'union de la Belgique et de la Hollande, est constamment dépassé depuis trois ans. Ostende a même compensé, et au-delà, par une augmentation de 20,000 tonneaux, les pertes éprouvées par Anvers pendant les deux premières années de la révolution. Que ne laisse pas espérer une telle situation, quand le transit sur l'Allemagne sera en pleine activité, et que le régime d'entrepôt aura été établi par la législature sur des bases plus larges ?

L'état de l'industrie en Belgique ne dément pas la prospérité du commerce maritime. Si de nombreuses pétitions sont adressées aux deux chambres, si des journaux accueillent toutes les plaintes et les exagèrent, c'est que beaucoup d'intérêts privés et de spéculations financières sont liés à la fortune du roi Guillaume et exercent une haute influence dans la presse ; c'est que, d'ailleurs, la lutte entre la liberté commerciale et la protection tarifaire s'engage aussi très énergiquement chez nos voisins. Elle y donne lieu à une polémique d'autant plus vive, à des manœuvres d'autant plus actives, que la législature n'est pas encore liée à un système, et qu'il s'agit de le fonder.

L'industrie des toiles, la plus importante pour les Flandres, et qui, s'exerçant au foyer domestique, a ses racines dans les vieilles mœurs de ce pays, compte au nombre de ses meilleures années les deux qui viennent de s'écouler. L'importation annuelle de ses produits en France peut être aujourd'hui évaluée à une somme, de 20.000.000 fr., sans compter ce que l'interlope fait pénétrer en fraudant le droit. C'est aussi la contrebande qui fait de la fabrication du tabac l'une des plus importantes industries de la Belgique. Nulle part on n'a plus redouté qu'en ce pays l'enquête qui pourrait laisser prévoir une modification au monopole exercé en France sur cette matière. Invité à nous expliquer les motifs d'un aussi vif intérêt : « C'est, nous répondit un représentant, que tant que le régime actuel existera chez vous, nos fabriques de tabac ne sauraient suffire à vous en fournir. »

Liège, cette ville étrange où la féodalité manufacturière des temps modernes s'associe à la féodalité militaire du moyen-âge, où les gothiques clochers se mêlent aux cols élancés des hauts-fourneaux, où l'industrie s'est logée en souveraine au palais même du prince-évêque, exporte de nombreuses machines à vapeur, fournit en abondance des armes à tous les gouvernements qui se défendent, à tous les prétendants qui les attaquent, et prépare jour et nuit ces rails qui vont paver de fer la Belgique. Les sucres raffinés suffisent à peine aux demandes du marché intérieur, et quelques tentatives d'exportation s'opèrent avec succès.

Les mines, cette industrie source de toutes les autres, ont éprouvé une crise grave, mais momentanée, par suite du développement exagéré donné avant 1830 à la production métallurgique. Aujourd'hui ces embarras paraissent avoir complètement cessé ; chaque jour de nombreuses autorisations pour l'érection de hauts-fourneaux sont sollicitées et obtenues. La production est plus considérable que jamais, et tout s'écoule à ce point que les adjudications de l'état pour les chemins de fer ne sont quelquefois pas remplies.

La situation prospère des houillères est moins contestable encore; et l'on peut se reposer sur les besoins croissants de l'industrie en France et le mouvement d'idées qui s'y développe, du soin de créer à ce produit de plus larges débouchés vers nos frontières. Une première et prudente satisfaction a été donnée à cette pensée d'avenir par un ministre éclairé ; mais tout n'est pas fait encore, et la Belgique peut s'en fier à ce qui n'a jamais reculé en France, même devant de grandes calamités, à l'irrésistible entraînement de l'opinion.

Nous portons dans ces recherches un dégagement trop complet de vues systématiques, pour prétendre appliquer à l'industrie cotonnière tout ce qui vient d'être dit de la situation généralement satisfaisante, des manufactures et du commerce de ce pays.

Cette industrie, qui, depuis quinze ans, ne produisait guère que des espèces communes pour alimenter le marché de Java, abandonnant sans résistance le marché intérieur à l'Angleterre, a vu soudain toutes ses habitudes contrariées, toutes ses routines rendues impossibles. Il a fallu sortir enfin de son apathie pour lutter contre la production étrangère, en essayant de faire aussi bien qu'elle. Ce coup devait être sensible : il porta spécialement sur la ville de Gand ; et un très grand nombre de fabricants trouva d'abord plus commode d'attendre la restauration promise chaque matin, que de se soumettre aux conditions de l'indépendance nationale. Mais ces espérances, devenant de jour en jour plus incertaines, durent bientôt céder aux impulsions de l'intérêt personnel et au gros bon sens du comptoir. Si quelques fabriques furent fermées, d'autres ne tardèrent pas à s'ouvrir, et le Brabant bénéficia de la mauvaise humeur de la Flandre. On s'attacha à pourvoir le marché belge, si longtemps négligé ; et placés dans des conditions de travail plus favorables que la plupart des producteurs étrangers, à raison du taux de l'intérêt de l'argent et du bas prix de la main-d'œuvre, les fabricants nationaux rendirent chaque jour la concurrence plus rare et plus difficile.

Il résulte des états produits par l'administration des douanes que l'importation en Belgique du coton en laine, restant à l'intérieur et destiné à y recevoir la main-d'œuvre, est aujourd'hui supérieure à ce qu'elle était sous le royaume des Pays-Bas. Les mêmes documents, corroborés par les états officiels du gouvernement britannique, constatent que l'année dernière l'importation anglaise, en tissus de coton, n'est montée qu'à une valeur de 128,475 liv. sterling, tandis qu'elle était, en 1829, d'une somme de 584,184 liv. sterl. pour les provinces méridionales du royaume. Les tableaux des douanes françaises présentent des résultats non moins remarquables. La concurrence étrangère recule donc devant les produits indigènes, à mesure que l'industrie s'attache à reconquérir un terrain qu'elle avait abandonné sans combat.

Ajoutons que, d'après les personnes le plus en mesure de connaître la situation commerciale de la Belgique, et surtout celle de la place d'Anvers, les rapports des fabricants belges avec les colonies de la mer du Sud se rétablissent graduellement sur l'ancien pied, et que presque toutes les maisons néerlandaises opèrent avec cette ville sous pavillon neutre. La Hollande a trop le sens de ses intérêts pour sacrifier à

95

des rancunes politiques des spéculations lucratives. C'est du siège d'une ville hollandaise, de celui de Berg-op-Zoom, je crois, qu'on raconte que les assiégés fabriquaient et vendaient aux assiégeants les boulets destinés à démolir leurs murailles.

La situation de l'industrie en Belgique parait enfin assez rassurante aux bons esprits de ce pays (et le gouvernement vient, sous plusieurs rapports, de s'associer à cette opinion par la présentation d'un tarif modifié), pour faire repousser, comme inutile et désastreux, le système de haute protection tarifaire, que les fabricants belges réclament en ce moment avec une énergie au moins égale à celle déployée par nos manufacturiers, en demandant le maintien de ce qu'ils considèrent comme un droit acquis.

Or, quelque mal fondées que soient trop souvent les exigences de ces derniers, quelque insoutenables que seraient des prétentions qui voudraient se poser comme éternelles, alors qu'elles ne peuvent, par leur nature, être que transitoires, il est certain que nos industriels sont dans une bien meilleure situation pour réclamer le maintien de la législation protectrice, que les fabricants belges pour en demander l'établissement. La prohibition est la loi de l'industrie, en France, depuis Colbert ; la liberté commerciale est aussi vieille que les Pays-Bas espagnols et autrichiens.

« Hors la toile de Brabant, dit Louis Guichardin dans sa *Description des Pays-Bas*, ni le prince ni les villes ne peuvent lever aucune gabelle sur quelque marchandise qui arrive au port ou qui en sorte. » Un régime analogue sagement tempéré par des réglements qui placent le gouvernement de Marie-Thérèse au-dessus des plus éclairés de son temps, dota la Belgique d'une prospérité inexplicable dans son abaissement politique, et sous le coup du blocus maritime imposé à ses ports par la Hollande.

Où, d'ailleurs, la liberté commerciale est-elle mieux placée qu'en Belgique ? Quel pays a plus d'intérêt à en faire proclamer le principe ? Où Mons placera-t-il ses houilles, qui sont à la Belgique ce que les vins de Bordeaux sont à la France, source immense de richesses s'ils s'écoulent au dehors, source d'inquiétude et de perturbation si l'étranger les repousse ? Sacrifiera-t-elle sa vieille industrie linière, si profondément nationale, et qui donne aujourd'hui une importation de plus de 20,000,000, aux exigences des filatures de coton, dont la vente, en France, n'atteindra jamais la moitié de cette somme ? Otera-t-elle, par un exhaussement de tarif, à l'intéressante population du Luxembourg, l'espérance de voir la France se montrer moins rigoureuse pour l'admission d'un bétail qui fit autrefois sa richesse, et cause aujourd'hui sa profonde misère ?

Une telle méconnaissance de ses propres intérêts est impossible, quelque importance politique qu'on puisse mettre à se concilier l'opinion industrielle, quelque prépondérants que soient les intérêts producteurs et fonciers au sein de la législature belge.

C'est sous un autre point de vue qu'il faut envisager les propositions restrictives de la liberté commerciale, plusieurs fois formulées à la chambre des représentants et dans le sénat. Leur but est moins d'agir sur la Belgique que sur la France ; elles sont à la fois une ouverture et une menace. La France tient, en effet, dans ses mains l'avenir commercial de ce pays comme son avenir politique. Si elle ne rendait pas graduellement plus facile l'admission des fers et des houilles du Hainaut, si elle persistait à opposer une éternelle barrière aux produits si multiples de l'industrie de Gand et de Liège, aux draps de Verviers, qui demande courageusement à la liberté commerciale de guérir les plaies temporaires que le système colonial lui a faites, comment se dissimuler qu'il ne resterait à la Belgique qu'une alternative également déplorable pour elle et pour nous, la chute de son industrie, ou son adhésion au système prussien ?

Qu'on n'argue pas, pour contester cette éventualité, de ce qui vient d'être dit sur la situation actuelle de la fabrique belge, qui ne souffre ni de l'excès de ses produits, ni de l'exiguïté de ses débouchés. L'industrie de ce pays est loin d'être arrivée au complet développement qu'elle ne peut manquer d'atteindre. D'ailleurs, la révolution a créé pour un temps à l'intérieur du royaume bien plus de ressources qu'elle n'en a enlevé ; il a fallu équiper et armer cent mille hommes ; d'immenses travaux publics ont été entrepris ; les hauts-fourneaux et les houillères suffisent à peine pour y répondre ; enfin, le marché national est venu offrir à l'une des principales industries un débouché nouveau. Mais la plupart de ces ressources sont temporaires ; elles disparaîtront bientôt avec cette irritation fébrile et cette activité artificielle qu'entretiennent pour un jour les révolutions. Lorsque le calme se sera fait, la Belgique s'effrayera à juste titre de sa prospérité croissante comme de l'indice même de ses embarras futurs. Alors elle tournera les yeux vers nous, elle parlera à l'intérêt des consommateurs, à la prévoyance des hommes politiques ; aux uns, elle offrira les matières premières à bas prix ; aux autres, un concours indispensable à l'action extérieure de la France. Alors, entre le leurre de la neutralité de la Belgique et son accession à l'alliance allemande, il faudra que notre législature prononce. On peut croire que le progrès des idées économiques, garanti par la modération dont elles viennent de faire preuve, aura rendu la transition moins difficile. On ne discute déjà plus le principe de l'abaissement graduel des tarifs, et les plus intrépides défenseurs du système de la production nationale confessent que ce bienfait ne saurait être acheté par des charges, plus onéreuses que ses résultats ne sont profitables. Pour les révolutions nécessaires, le seul art de l'homme d'état est de les préparer, en adoucissant les pentes et en empêchant que tout ne se fasse en un jour. Voici huit ans que l'Angleterre a commencé l'œuvre de la réforme, et la France doit faire pour son régime commercial ce que fait la Grande- Bretagne, pour ses institutions politiques.

La Belgique n'hésiterait jamais, même à des conditions moins favorables, entre notre marché et celui de l'Allemagne, car plusieurs de ses produits les plus importants, rencontreraient dans les qualités similaires, fournies à plus bas prix par la Saxe, une concurrence dangereuse. Mais si, d'un côté, toute espérance était fermée, que de l'autre les avances devinssent d'autant plus vives que la Prusse apercevrait mieux la double portée d'une accession dont le résultat serait de conduire sa ligne de douanes jusque sous les remparts de Lille et de Valenciennes, devrait-on s'étonner que le gouvernement belge finit par oublier des services dont tant de passions s'attachent déjà à éloigner le souvenir ? Jusqu'à ce jour le cabinet de Berlin n'a rien fait pour seconder ce mouvement signalé par trop d'indices; mais le moment de quitter le deuil de la maison de Nassau est venu, et déjà le ministre prussien à Bruxelles paraît prendre plus au sérieux une position qu'il avait d'abord très cavalièrement dessinée. On ne hasarde rien en prédisant qu'avant peu d'années, l'influence prussienne essaiera de dominer la nôtre à Bruxelles. Cette tentative échouera sans doute ; mais qui peut garantir l'avenir ?

Nous venons d'étudier les conditions d'existence imposées au nouvel état par la diplomatie, et les tentatives à l'aide desquelles il s'efforce d'en neutraliser les inconvénients et les dangers. Il reste à apprécier la nature et le caractère de ses institutions politiques et administratives.

Chapitre 3

Une opinion universellement répandue en Europe nuira, plus que toute autre cause, à la consolidation de l'indépendance belge. On ne croit guère à une nationalité qui a protesté trois siècles contre chaque domination étrangère, sans avoir la force de s'élever d'une émeute à une révolution, et l'on semble envisager comme provisoire un établissement que les combinaisons de la politique générale briseraient sans scrupule comme sans résistance. Ainsi qu'au dernier siècle les îles à sucre et à girofle passaient de main en main, cédées, échangées ou vendues, selon le sort des combats ou les convenances financières, la Belgique parait destinée à voir son sort se régler sans elle par une bataille ou par un congrès.

Ce pays a beaucoup à faire pour se relever aux yeux du monde de sa longue déchéance intellectuelle et politique. Le pourra-t-il ? nous le croyons. Le voudra-t-il ? nous l'espérons ; car c'est toujours chose heureuse que de voir s'épanouir la nature, longtemps étiolée sous la politique ; et l'intérêt bien compris de la France, que nous ne sommes pas assez philosophe pour ne pas faire passer avant tous les autres, ne nous parait pas devoir contrarier ces vœux de durée et d'avenir. Que ce pays prenne foi et confiance, que son gouvernement sache tirer parti d'une situation analogue à celle qui fut pour la maison de Savoie, toujours menacée et toujours debout, le principe de ses développements successifs. Le lion belge garde quelque chose de plus précieux encore que l'entrée de l'Italie, et son alliance sera recherchée au même titre que le fut si longtemps celle du geôlier des Alpes. Une monarchie établie dans une position semblable n'est pas, autant qu'on le croit, à la merci des évènements extérieurs. Si elle doit mourir, ce sera faute d'habileté plutôt que faute de ressources. Il faut de spécieux prétextes pour rayer de la liste des nations un peuple qui veut vivre. On n'en manqua pas contre la Pologne, abîmée dans l'anarchie ; et quand Napoléon acheva Venise, elle n'avait conservé de son antique grandeur que la mascarade du Bucentaure.

Il peut se faire que la Belgique se laisse envahir elle-même par des doutes et des arrière-pensées qui lui seraient mortels ; on pourrait craindre surtout pour elle qu'elle se laissât traîner à la remorque des idées françaises, au point d'avoir tous les inconvénients de nos institutions sans aucun de leurs avantages, et qu'en négligeant de développer les éléments de sa vitalité propre, elle n'avançât elle-même le jour de son absorption au sein d'une puissante unité. Ce que ses hommes d'état doivent donc demander aux institutions politiques, c'est moins la perfection du mécanisme des nôtres, qu'un moyen de développement pour le génie belge dans ce qu'il a de natif. Il importe moins à ce pays d'avoir d'excellentes lois et une administration habile, que des lois et une administration nationales. Se distinguer de la France par une large extension des libertés provinciales et communales, si longtemps pratiquées dans les Pays-Bas, par des applications nombreuses et fécondes du principe d'association, étranger à nos habitudes, et que les Belges manient mieux que nous ; fonder un régime simple et modeste, qui ne donne pas de prime aux hautes ambitions politiques, instruments nécessaires de la gloire des grands états, dangereuses et mal à l'aise sur un étroit théâtre ; appeler au gouvernement les influences naturelles en les dotant graduellement de l'aptitude qui leur manque ; combiner enfin l'esprit agricole et local de la Suisse avec le génie commercial et entreprenant de la Hollande et des villes hanséatiques : telle devrait être la constante préoccupation des hommes appelés à préparer les destinées de la Belgique.

C'est en partant de cette idée que nous jetterons un rapide coup d'œil sur la constitution politique que ce pays s'est donnée, au sortir de sa révolution, et sur l'ensemble de son régime administratif, cette seconde constitution des nations modernes, plus importante encore que la première.

Ces institutions peuvent être envisagées sous trois rapports divers :

1° Le droit public qu'elles consacrent ;

2° Les formes du gouvernement qu'elles établissent ;

3° Le régime local, que des mesures plus récentes ont complété.

Les lois conçues au sein d'une révolution, et après une longue résistance à des tentatives d'arbitraire, sont toujours palpitantes des passions du moment, et semblent dirigées contre le passé, beaucoup plus qu'elles ne sont propres à garantir l'avenir. Alors les principes dont il a été fait abus sont solennellement révoqués, les intérêts menacés sont rassurés par des dispositions largement protectrices, dont le moindre inconvénient est d'être inutiles du moment où la position est changée. On se défend contre un ennemi qui n'est plus ; sans se mettre en garde contre l'ennemi nouveau auquel il va falloir faire face. La Belgique venait de se soulever contre les tentatives de la maison de Nassau ; elle avait combattu longtemps pour la liberté de sa foi, de sa pensée et même de sa langue aussi s'attacha-t-elle à donner à ces grands intérêts des garanties fort convenables sans doute sous le roi Guillaume, mais qui perdaient une grande partie de leur importance sous un gouvernement national. La liberté des cultes, et de l'enseignement surtout, fut assise sur des bases tellement hardies et tellement nouvelles dans le droit constitutionnel, que la position du gouvernement belge est, sous ce rapport, unique en Europe.

« La liberté des cultes, celle de leur exercice public, ainsi que la liberté de manifester ses opinions en toutes matières, sont garanties.

« Nul ne peut être contraint de concourir d'une manière quelconque aux actes et cérémonies d'un culte, ni d'en observer les jours de repos.

« L'état n'a le droit d'intervenir ni dans la nomination, ni dans l'installation des ministres d'un culte quelconque, ni de défendre à ceux-ci de correspondre avec leurs supérieurs, et de publier leurs actes, sauf, en ce dernier cas, la responsabilité ordinaire en matière de presse et de publication.

« L'enseignement est libre ; toute mesure préventive est interdite ; la répression des délits n'est réglée que par la loi. »

Ainsi s'exprime la constitution ; ainsi sont résumées les idées dont l'union catholico-libérale avait amené le triomphe.

On comprend que les Irlandais catholiques, soumis au régime anglican, réclament tout cela ; rien ne serait plus naturel que d'entendre les malheureux Polonais, si leurs plaintes pouvaient trouver quelque organe et quelque écho, exiger des garanties analogues pour leur foi corrompue dans son enseignement, pour leur clergé menacé dans sa hiérarchie et son indépendance. Mais une position défensive peut-elle se changer en une situation normale et permanente ? N'y a-t-il pas une contradiction manifeste entre le maintien du traitement ecclésiastique, annuellement voté par les chambres, et cette indépendance absolue, qui ne s'étend pas seulement aux doctrines où elle devrait être de droit commun, mais au choix même des personnes ? L'épiscopat et les chapitres belges se recruteront souverainement dans leurs propres rangs, à la manière de ces vieilles corporations municipales que la réforme vient de briser en Angleterre. Un gouvernement national s'exerçant, non pas dans un pays divisé de sectes et de croyances comme l'Amérique du Nord, mais au sein d'une population dont les dix-neuf vingtièmes sont ardemment catholiques, peut-il sans inconvénient pour la religion, sans quelque danger pour lui-même et pour la minorité dissidente, renoncer à tout contrôle sur le personnel du clergé et celui de l'instruction publique ? question immense que l'avenir du peuple belge décidera, et dont la solution ne sera pas sans influence sur nos propres destinées.

Nous étions, en 1830, du nombre de ceux qui réclamaient le plus vivement la séparation de l'état et de l'église ; nous la demandâmes d'abord à la restauration, pour arracher nos croyances à une protection aussi dangereuse pour elles-mêmes que pour le trône qui l'octroyait ; nous la réclamâmes, avec plus d'insistance encore, de la révolution de juillet ; car un parti qui fut alors bien près du triomphe, eût infligé au catholicisme, accablé sous une impopularité passagère, une de ces positions auxquelles on n'échappe que par la liberté.

Sans avoir jamais eu aucune solidarité avec un journal qui a profondément remué le sol de la Belgique, et dont le souvenir est vivant encore en ce pays, nous avions des doctrines religieuses communes, et quelques sympathies politiques analogues, quoique moins ardentes. Nous pouvons donc comprendre mieux que d'autres le mouvement d'idées qui a présidé à l'œuvre du 7 février 1831.

L'Avenir est fondé à réclamer une grande part dans ce travail. C'était merveille, en effet, de voir ce clergé et ces honnêtes catholiques belges, qui, quelques années auparavant, se signaient d'horreur à l'idée de la liberté des cultes et de la presse, et repoussaient la loi fondamentale de 1815, parce qu'elle contenait des dispositions trop libérales, réclamer avec véhémence toutes les conséquences du principe de liberté, auquel les évènements les avaient récemment convertis. C'est le propre de l'esprit clérical d'être éminemment logique. Le tour habituel de la pensée, la séquestration du monde, l'exaltation qu'elle engendré, expliquent et justifient cette disposition, plus favorable aux spéculations métaphysiques qu'aux applications, si souples et si variées, de la vie sociale.

Le clergé belge, celui des Flandres surtout, appartient presque tout entier aux idées démocratiques et aux théories libérales que l'école de M. de La Mennais n'eût réussi à propager en France qu'autant que le libre exercice du culte catholique y eût été menacé par le pouvoir. Ce clergé déduit mathématiquement la conséquence du principe électif, comme le célèbre écrivain déduisit imperturbablement, pendant dix années, celle du principe contraire, avec une inflexibilité qui ne reculait pas plus devant les objections de l'histoire que devant les résistances du temps. Dans la discussion de la constitution, dans celle de ses lois complémentaires, le parti catholique a été et continue d'être le plus puissant auxiliaire des théoriciens de l'école de gauche ; lui seul est aujourd'hui en mesure d'imposer des conditions au pouvoir, et de réclamer avec succès en faveur des principes libéraux contre la tendance centralisante du parti des hommes politiques ; car le libéralisme à la française compte à peine quelques voix dans la chambre des représentants, et il est tout-à-fait nul dans le sénat.

La constitution belge est donc, à double titre, l'œuvre du parti catholique. Il l'a d'abord combinée en s'appuyant sur l'autre nuance de l'Union, puis il l'a fait accepter par les populations dont il dispose. Rien de si piquant que la physionomie de ses principaux organes parlementaires, esprits bornés et nobles cœurs, où les vertus privées ne suppléent pas le manque d'expérience, braves gens sortis de leurs châteaux et de leurs fabriques, pétris de bonnes intentions et tout hérissés de préjugés, de la même pâte que ces tories de vieille roche, dont sir Walter Scott a crayonné tant et de si vivants portraits.

Il ne faut pas se faire illusion néanmoins sur cette rigueur puritaine ; en même temps qu'on la professe avec une entière bonne foi, il se trouve qu'elle sert au mieux les intérêts qu'on a le plus à cœur de protéger, et qu'elle permet de concilier tous les avantages du pouvoir avec ceux de la popularité, ou plutôt de conquérir les uns par les autres. La liberté n'est pas une abstraction plus que la foi ; elle doit se résoudre en actes positifs du moment où, dans l'exercice des fonctions publiques, on est appelé à en appliquer les formules. C'est ainsi que, lorsqu'il s'est agi d'organiser l'enseignement public, la majorité législative et le ministère qui en émane, ont habilement combiné les dispositions de la loi, de manière à garantir, ainsi qu'on le montrera plus tard, une haute prépondérance à l'enseignement catholique, et qu'en toute circonstance l'intérêt religieux trouve au sein des chambres un concours actif et dévoué. Pourrait-il en être autrement ? qui s'étonnera que, dans l'exercice d'un ministère libre et consciencieux, la conscience individuelle soit consultée, et que la liberté, greffée sur un tronc religieux, porte des fruits parfumés de la saveur de son origine ?

Ce qui se passe au sein des pouvoirs parlementaires, en face de la tribune et de la presse, doit arriver plus fréquemment encore dans l'administration locale. Quel régime assurerait aussi bien que celui des collèges administratifs la prépondérance du clergé dans les religieuses provinces des Flandres ou de la Campine ? Quand le curé sera-t-il plus en mesure de disposer des ressources communales, pour rehausser la splendeur du culte divin ou assurer son existence, que lorsqu'il dictera souverainement leurs choix à ses ouailles, et que l'administration sera commise à deux échevins et à un bourgmestre désignés par lui ? Que l'intérêt général ou celui d'une minorité dissidente se trouve en lutte, nous ne disons pas avec l'intérêt religieux, mais seulement avec un intérêt de sacristie, lequel pense-t-on qui reculera devant l'autre ?

S'il s'agissait d'opter entre l'ouverture d'une route vicinale ou la création d'une caisse d'épargne utile à tous, dans un avenir éloigné, et l'irrésistible plaisir de faire à la fois preuve de goût, de piété et de richesse, en bariolant et dorant de gothiques statues, peut-on douter de la puissance et du résultat de la tentation ? A en juger par l'irritation très vive qui déjà se développe au sein du parti catholique, parmi les hommes les plus ardemment dévoués à leurs croyances, dès qu'ils mettent la main à la pratique des affaires, contre l'action exercée par le clergé de quelques provinces dans la gestion des affaires locales, cette situation créerait au gouvernement et au catholicisme lui-même des obstacles de nature à faire peut-être redouter pour l'avenir une réaction dangereuse.

Le clergé gouverne la Belgique ; il la gouverne au nom de la liberté et par une application large et complète de ses principes. Jamais les idées de M. de Lafayette ne furent plus franchement pratiquées même en Amérique. Les théoriciens n'ont donc mot à dire contre une domination chaque jour légitimée par l'assentiment et le scrutin populaire. Il n'en est peut-être pas de même des hommes de pratique et d'expérience qui savent que la liberté est moins encore le terme que le moyen dans la grande œuvre sociale.

En étudiant l'histoire et en suivant les luttes intestines des peuples, on serait parfois tenté de se demander si la première condition de la liberté pratique ne serait pas la prépondérance incontestée d'une opinion ou d'un intérêt. Des écoles ou des partis égaux en force sont plus enclins à combattre qu'à traiter, à désirer la victoire qu'à se contenter de la liberté. Au contraire, lorsqu'une situation est solidement prise et que le parti dominant n'en peut plus être délogé, il répand la liberté dont il ne redoute plus l'usage, et qui, après tout, le sert plus spécialement lui-même. Ce qui rendit la liberté impossible en France en 89, c'est que le parti qui la voulait selon certaines conditions et dans certaines limites, était trop faible pour résister à celui qui n'en voulait pas et à ceux qui la comprenaient autrement que lui. Aujourd'hui la suprématie, chaque jour plus manifeste, de la classe et des intérêts bourgeois prépare un avenir dont la classe moyenne peut n'avoir pas le goût, mais où elle sera comme entraînée par sa force même. Le parti catholique est chez nos voisins ce qu'est le juste-milieu chez nous ; seulement comme il est encore plus fort, il n'a eu à faire ni état de siège, ni lois de septembre.

Hâtons-nous du reste de le dire : ce n'est pas d'après les idées parisiennes que l'état de la Belgique doit être apprécié. En France, la Bretagne seule pourrait faire comprendre ce pays ; mais en France, qui comprend la Bretagne ? Si la Belgique avait une nationalité forte et robuste, et que son avenir de peuple fût assuré, on pourrait conseiller à ses hommes d'état de modifier ce qu'il y a d'étrange et d'anormal dans ces influences dont l'imprudente action peut susciter des dangers aux intérêts sacrés qu'ils défendent : on pourrait alors songer à perfectionner les détails de l'administration, à la rendre plus active et plus simple. Mais la Belgique doit avoir de tout autres soucis ; il faut constituer sa nationalité, cultiver avec soin cette plante encore débile. Gardez-vous d'élaguer ses branches pendantes à l'aventure, laissez sa sève s'éparpiller en boutons et s'étendre en rameaux épais. Le moment de faire filer la tige n'est pas venu ; il faut que l'arbre prenne du corps ; ce serait plus qu'une imprudence de l'attaquer dans sa maîtresse racine, dans la seule qui la fasse vivre.

Si nous passons aux formes constitutives du gouvernement, on verra qu'elles ont été combinées sous des influences analogues, et que c'est à un tout autre point de vue qu'à celui où l'on se place d'ordinaire chez nous, qu'il convient de s'établir pour les apprécier.

La monarchie fut décrétée par le congrès belge à une majorité de cent soixante-quatorze voix contre treize, qui votèrent pour la république. Mais qu'on ne s'y trompe pas : quoique la presque unanimité de ce corps se prononçât pour l'érection d'un trône constitutionnel, un très grand nombre de ses membres, d'entre ceux appartenant au parti catholique surtout, firent, dans cette circonstance, un véritable sacrifice aux terreurs que le mot de république éveillait dans tous les esprits. S'ils n'avaient consulté que l'entraînement de leurs idées théoriques et de leurs antipathies prononcées, ils auraient proclamé la forme républicaine. Ils reculèrent devant des souvenirs hideux, rajeunis par l'admiration d'un parti fanatique qui ne peut imputer qu'à lui-même ses humiliations et ses défaites. Dans les circonstances les plus favorables, ce parti a succombé en Belgique comme en France sous le sceau d'impiété qu'il porte au front ; c'est la civilisation chrétienne qui s'est levée contre lui, et l'a enchaîné comme l'ange de l'abîme.

Mais si le congrès belge proclama la royauté, ce fut en ne lui donnant qu'une part fort exiguë dans les affaires du pays ; il ne lui réserva guère qu'un rôle négatif, se préoccupant plus de la nécessité d'échapper à la république que du soin de constituer la monarchie.

Le pouvoir judiciaire, qui, en France, émane du roi, fut enlevé au monarque en Belgique, ainsi que la nomination des fonctionnaires de cet ordre, laquelle ne s'opère que sur présentation faite par les chambres législatives, par les conseils provinciaux, ou par les cours et tribunaux eux-mêmes, Il ne nomme aux emplois d'administration que sous les exceptions déterminées par la loi et que celle-ci peut étendre (art. 66). Les chambres s'assemblent de droit et sans convocation royale à une époque déterminée (70). La durée de leur session obligatoire est également déterminée par la loi (ibid., § 2). Le roi est sans action, même indirecte, sur le choix des membres du sénat, nommés par les mêmes électeurs que les représentants, et selon le même mode que ceux-ci (83). Enfin l'inviolabilité de la personne royale semble même n'avoir été consacrée qu'avec certaines réserves.

On doit savoir gré à un prince d'avoir accepté une telle situation, alors entourée de tant de périls. La Belgique a fait un choix heureux et sage. Elle-même et son monarque ont lien d'être satisfaits l'un de l'autre. A peine assis sur le fauteuil drapé en trône, Léopold se vit soumis à la plus cruelle des épreuves ; et au milieu des désastres de son avènement, il ne désespéra pas de l'avenir. Son sens droit et la considération personnelle que lui accorde l'Europe contribueront à garantir cet avenir à sa patrie adoptive. Ce prince a bien compris ce pays de mœurs simples et jalouses, et au préjudice peut-être de ses inclinations personnelles, il a su appeler et maintenir aux affaires le parti qui y apporte, après tout, le plus de puissance morale et de popularité.

Il ne s'agit pas d'élever dans une contrée sans imagination et sans souvenirs monarchiques un trône entouré de pompes et de prestiges ; une telle tentative serait mortelle à la royauté en même temps qu'à la nationalité belge. Il s'agit moins encore de créer là de ces grandes existences politiques qui font aspirer à la vie parlementaire comme au premier degré d'une haute fortune et d'une illustre renommée. Des ministres à 24,000 francs de traitement, qui, après plusieurs années de fonctions remplies d'une manière plus consciencieuse qu'éclatante, auront pour perspective de descendre au rang modeste de gouverneur de leur ville natale ou de rentrer dans l'obscurité avec des témoignages de l'estime publique ; un sénat électif composé de gros propriétaires et d'industriels ; des représentants salariés pour faire temporairement les affaires publiques sans y voir un moyen de faire les leurs : ce sont là des chimères dans un pays constitué comme le nôtre, et des réalités dans les chambres de la Belgique et les diètes de la Suisse. Les grands états ont des conditions d'existence auxquelles on essaierait en vain de les contraindre à manquer. C'est dans leur sein, et par l'importance même des résultats qui sont à la fois son but et sa récompense, que l'esprit humain se développe ; si les sociétés d'un autre ordre gagnent souvent en bonheur et en moralité ce qu'elles perdent en éclat et en influence, c'est là une compensation que la sagesse devrait accepter sans doute, mais qui pourtant ne satisfait guère aux instincts des peuples modernes.

Les chambres ont dû hériter des attributions enlevées au roi. Elles en ont, en effet, d'importantes que notre Charte ne garantit pas, quoique l'usage les consacre pour la plupart. Tels sont, par exemple, le droit d'enquête avec toutes ses conséquences (40), la faculté d'exiger des ministres des explications sur toutes les pétitions (43) et sur l'état des relations diplomatiques (68).

Le droit de se réunir chaque année sans convocation préalable le deuxième mardi de novembre, la suppression des scrutins secrets, et l'obligation de voter à haute voix sur toutes les questions (39), l'indemnité mensuelle de 200 florins qui garantit l'indépendance des représentants (52), choisis sans aucune condition d'éligibilité, la grande fortune territoriale que suppose le cens d'éligibilité au sénat, l'impossibilité d'offrir une amorce aux ambitions par des fonctions publiques largement rétribuées : tout concourt enfin à annuler avec l'influence ministérielle l'importance même des fonctions de ministre, et à consacrer l'omnipotence parlementaire en pratique aussi bien qu'en théorie.

Le sénat belge est élu pour huit ans, l'autre chambre pour quatre années seulement (51). L'un et l'autre se renouvellent ensemble en deux séries, mais peuvent être dissous séparément (51, 55).

Le cens de 1,000 florins imposé aux sénateurs, et l'obligation de résider à Bruxelles sans indemnité, ont, selon l'esprit et le vœu de la constitution, appelé au sénat toutes les notabilités territoriales des provinces. On dirait un conseil général discutant autour d'un tapis vert et sans l'appareil de la tribune, qui est à la pensée politique ce qu'était le masque dramatique à la parole des anciens, et réglant les affaires publiques avec la confiance et l'aplomb de gens qui n'ont pas mal fait les leurs. Pas de phrases, point ou peu d'esprit, une élaboration lente et difficile qui fait deviner la traduction française d'idées conçues en flamand ; mais en revanche une absence complète de prétention, des allures libres et fermes qui nous sont trop étrangères, et qu'on ne trouve pas là sans étonnement et sans plaisir. Si la Belgique est originale par quelques-unes de ses institutions politiques, c'est sans contredit par son sénat. La France donnerait mieux sous d'autres rapports, mais elle ne donnerait pas cela. C'est un fruit indigène qui doit mûrir et qu'il faut cultiver avec grand soin.

Notre pairie est, quoi qu'on puisse dire, une belle chose : il n'est pas de nation en Europe, sans excepter l'Angleterre, qui puisse présenter plus de lumières réunies à plus d'expérience. Tous les régimes et tous les systèmes ont jeté leurs débris sur ce rivage avant de disparaître sous les flots : on dirait l'histoire contemporaine personnifiée et toute vivante. Mais cette pairie n'est quelque chose que par l'éclat qui s'attache au rôle historique et aux antécédents personnels de ses membres. C'est pour cela que l'idée d'en fonder la grandeur et l'avenir sur l'hérédité nous parut toujours stérile et fausse, même sous la restauration, dont le principe lui prêtait une force factice ; c'est pour cela, sans donner bien d'autres raisons plus péremptoires encore, que l'espoir entretenu par quelques hommes de revenir un jour à cette institution sous le régime actuel, nous semble aussi dangereux que chimérique. L'hérédité ne représente rien dans un temps où l'on ne tire son autorité que de soi-même ; comme tous les ressorts portant à faux, elle serait un point d'arrêt pour le pouvoir beaucoup plutôt qu'un point d'appui. Une chambre des pairs dont les membres n'auraient plus, dès la seconde génération, cette auréole que l'homme n'emprunte aujourd'hui qu'aux grandes circonstances qu'il a traversées, serait repoussée par les mœurs autant que par les idées. A cet égard, la monomanie de la France est *universelle*, et dès-lors ce n'est plus une monomanie.

En Belgique, au contraire, les positions natives ont encore quelque valeur par elles-mêmes ; la fortune est un principe positif et pas seulement comme chez nous un moyen très éventuel d'influence. Aussi, ce pays, dont l'aristocratie a eu le bonheur d'échapper aux carrosses du roi et aux petits soupers, bonne vieille noblesse flamande restée attablée à la tabagie pour boire le faro et fumer le cigare ; ce pays qui n'a connu ni les échafauds de Richelieu, ni les salons ambrés de la Pompadour, ni les folies de Coblentz, aurait pu tenter peut-être avec quelque succès la création d'une pairie héréditaire.

Fidèle à la rigueur du principe électif, il n'a pas même osé aller jusqu'à l'inamovibilité. Nous sommes tenté de l'en blâmer : remarquons cependant que l'inamovibilité aurait eu pour résultat nécessaire de créer de grandes positions politiques, d'en faire un besoin et un but pour la vie, et qu'il est fort douteux, ainsi que nous avons déjà eu occasion de le dire, que cette excitation continue soit de mise sur un théâtre aussi circonscrit. Beaucoup de liberté sans éclat, du bien-être sans illustration, moins d'hommes politiques que d'honorables citoyens : voilà, ce semble, la destinée naturelle de cette contrée. Lui suffira-t-elle ? je l'ignore ; mais ce que j'affirme, c'est que si ses vœux dépassent ce but, dans peu d'années la Belgique ne s'appartiendra plus à elle-même.

La loi électorale corrobore par son mécanisme l'action des influences territoriales et religieuses qui dominent les deux chambres, et dont le ministère actuel est l'expression la plus modérée et la plus habile. Le législateur a pris la population pour base unique du droit électoral. Pour rendre ce système possible dans l'application, une sorte d'égalité relative a été établie entre les campagnes et les villes, d'après un cens variable qui s'abaisse jusqu'à 20 florins pour les premières, et peut monter jusqu'à 80 pour les secondes. Cette disposition de la loi, qui donne aux populations rurales environ trente-trois mille dix-huit électeurs, et aux populations urbaines quatorze mille huit cent trente-cinq seulement, est vivement attaquée aujourd'hui par le parti qui l'adopta d'enthousiasme aux premiers temps de la révolution, comme l'une de ses plus belles conquêtes.

Il est difficile de ne pas prévoir une modification plus ou moins éloignée à un pareil état de choses. On ne saurait se dissimuler, en effet, que les villes, grands centres d'industrie et de population, tenteront tous leurs efforts pour se faire relever du quasi-ilotisme qui pèse sur elles. Mais cette révolution parlementaire, que le parti des hommes politiques provoquerait peut-être en la réglant, ne sera pas de nature à changer d'une manière notable l'esprit du gouvernement. La bourgeoisie des villes n'est pas là comme en France en hostilité de mœurs, d'idées et de croyances avec l'aristocratie terrienne ; il n'est pas de couche sociale qui puisse y donner une majorité analogue aux nôtres.

Si nous passons maintenant à l'administration locale, nous aurons quelque lieu de nous étonner qu'un système si malheureusement essayé chez nous au début de notre révolution, et d'une application si visiblement impossible aujourd'hui même, marche depuis longtemps en ce pays et y reçoive chaque jour de plus complets développements.

On sait que la Belgique est divisée en huit provinces ou départements, subdivisés en districts ou arrondissements, et en communes. Toutes ces divisions territoriales s'administrent d'une manière indépendante pour leurs intérêts locaux par des collèges d'administrateurs élus par elles. Les conseils provinciaux sont nommés par les mêmes électeurs qui concourent à la formation des chambres. Ces conseils, composés de soixante-treize à quarante-cinq conseillers, selon l'importance respective des provinces, se réunissent de plein droit chaque année, comme les chambres elles-mêmes, le premier mardi de juillet (44). Les séances en sont publiques (51) ; on y vote aussi par appel nominal et à haute voix sur toutes les questions discutées (52). Ces corps prononcent sur toutes les affaires d'intérêt provincial (62) ; ils arrêtent chaque année les comptes des recettes et dépenses de l'exercice précédent, et votent le budget de l'exercice suivant avec les moyens d'y faire face (63). Ces budgets sont imprimés et déposés au greffe à l'inspection du public, qui en est informé par la voie du journal de la province (63).

Les dépenses sont classées, comme dans notre comptabilité départementale et municipale, en obligatoires et facultatives. L'approbation royale, et en certains cas, celle du corps législatif, sont exigées dans les limites et selon le mode usité chez nous. Mais ce qui sépare radicalement l'administration belge de la nôtre, c'est l'existence d'une députation permanente nommée par le conseil et prise dans son sein pour exécuter toutes les mesures arrêtées par lui, et vider le contentieux administratif.

Le gouverneur de la province, seul fonctionnaire nommé par le roi, préside la députation permanente où il a voix délibérative. L'autorité administrative est en entier dévolue à cette commission (106). En même temps qu'elle représente le conseil de la province lorsqu'il n'est pas assemblé, et qu'elle exerce collectivement les fonctions attribuées aux préfets par la loi française, elle a toutes les attributions de nos conseils de préfecture siégeant comme tribunaux administratifs (109). Elle mandate toutes les dépenses (112), soumet au conseil provincial les comptes et projets, de budgets, provoque et éclaire ses délibérations (119).

Le gouverneur n'a mission que de veiller à l'instruction préalable des affaires soumises à la députation permanente (124) ; il n'est chargé que de l'exécution des délibérations prises par elle. Les actions de la province, en demandant et en défendant, sont exercées au nom de la députation, à la poursuite et à la diligence du gouverneur (124). Le seul droit de celui-ci, lorsque la députation a pris une résolution qui dépasse le cercle de ses attributions provinciales, est de prendre son recours dans les trois jours auprès du gouvernement, qui doit annuler la décision dans les quarante jours du recours, sans quoi elle est exécutoire de plein droit (125).

Cette faculté unie aux attributions de police générale forme toute la puissance du gouverneur de la province. Sans action sur les intérêts, sans action sur les opinions, chargé de la direction des bureaux sans pouvoir leur imprimer une impulsion personnelle, ce haut fonctionnaire joue un rôle qu'il serait assez difficile de caractériser, et à bien dire de comprendre dans des idées françaises.

Le commissaire d'arrondissement, aussi nommé par le roi, agit également sous la direction de la députation permanente (133) ; il veille, dans l'étendue de sa circonscription, à l'exécution des résolutions prises par elle ; mais pour ne pas blesser sans doute l'indépendance des régences urbaines, ses attributions ne s'étendent que sur les communes rurales et sur les villes d'une population inférieure à 5.000 âmes (132).

Enfin, pour compléter ce système, la loi a doté ces grands corps provinciaux d'une prérogative qu'elle a refusée aux chambres législatives elles-mêmes. Le droit pour la couronne de dissoudre les conseils provinciaux, demandé par le ministère, fut rejeté dans la discussion sans avoir été vivement défendu par lui.

On ne saurait s'expliquer une telle anomalie, un tel bouleversement des idées reçues en France, qu'en se reportant à l'antique importance des conseils locaux dans les provinces belges. Au sein de ces vieilles corporations politiques résidait, en effet, la souveraineté des Pays-Bas. L'autorité de l'empereur, duc de Brabant, marquis d'Anvers et comte de Flandre, ne descendait jusqu'au peuple que par l'intermédiaire des états, indissolubles de leur nature, comme gardiens des franchises populaires et du contrat qui unissait le prince à la nation.

Le gouvernement hollandais lui-même, malgré sa tendance centralisante, avait respecté ces vivants souvenirs et doté l'administration locale de larges et hautes prérogatives. Les états provinciaux, jusqu'en 1830, étaient composés de députés des villes, de représentants des campagnes et de membres de *l'ordre équestre* ou de la noblesse. Ces états jouissaient des attributions que la loi actuelle confère aux conseils provinciaux, et de leur sein sortaient en outre les membres de la seconde chambre des états-généraux. On voit qu'ils étaient à la fois corps administratif et politique.

L'administration collective a donc dans ces contrées des racines antiques et profondes. Si l'on en jugeait d'après les injures prodiguées dans les discussions parlementaires à « la domination à jamais abhorrée des maires et des préfets, » et en général au régime français, que ce pays n'a pu connaître, à la vérité, qu'à une époque de violence et d'arbitraire, il n'y aurait certainement pas à attendre de réaction vers nos formes administratives. Une tendance à l'unité du personnel, si jamais elle s'y manifestait, serait le signe le plus certain de la chute de la nationalité belge.

La loi communale, votée le 30 mars de cette année, a complété ce système en appliquant les infimes principes à l'organisation municipale. Les conseils communaux jouissent d'attributions analogues à celles qui sont conférées aux conseils provinciaux (131) ; mais leurs délibérations ne sont exécutives que sous l'approbation de la députation permanente de ces conseils (241 et suiv.). Au sein du conseil municipal surgit un pouvoir nouveau pour nous : le collège d'échevinage, dont le bourgmestre est président. Ce conseil administre à la pluralité des voix et dans les mêmes formes que la députation provinciale. Le bourgmestre et les échevins, sont nommés par le roi dans le sein du conseil (art. 2).

Ce mode, emprunté à la législation française et introduit pendant le cours des débats sur la loi communale, qui se sont prolongés deux sessions, est un terme de conciliation entre des doctrines absolues également repoussées par la chambre des représentants. On demandait, d'une part, que le roi pût nommer le bourgmestre sans condition, en tant que ce magistrat est chargé de l'exécution des lois générales, et on lui refusait, alors voix délibérative au conseil communal ; de l'autre, on contestait à la couronne le droit d'influer en rien sur cette nomination, qui devait être laissée au choix libre du peuple, puisque la tache spéciale du bourgmestre était de régler les intérêts locaux.

Ce système était celui de la vieille gauche et d'une portion véhémente de la majorité catholique, qui y trouvait à la fois satisfaction pour ses théories et garantie pour son influence. Cependant, par une de ces contradictions qui jaillissent d'une situation fausse, les mêmes membres catholiques réclamaient avec violence, pour l'autorité municipale, la police des lieux publics et la censure théâtrale, afin de résister aux essais de corruption populaire dont le théâtre en langue flamande est l'instrument le plus abject et le plus actif.

Il n'échappera sans doute à personne que l'ensemble de cette organisation est non-seulement analogue à celle que l'assemblée constituante décréta en 1789, mais, sous plusieurs rapports, identique avec elle. On sait que la loi du 22 décembre 1789, qui organisa les différentes subdivisions de notre territoire, créa un corps d'administrateurs, au nombre de trente-six par département, et que ceux-ci déléguaient huit d'entre eux pour composer l'administration journalière exécutive. Les autres membres formaient le conseil départemental, qui s'assemblait un mois chaque année pour recevoir les comptes des administrateurs exécutifs et régler les opérations de l'année suivante. L'administration des districts fut établie sur le même pied. Cet état de choses dura jusqu'à la proclamation du gouvernement révolutionnaire. Le 28 germinal an III, lors de la réaction thermidorienne, un décret rétablit dans leurs attributions les administrations collectives ; et, malgré des modifications importantes, ce principe prévalut jusqu'à la promulgation de la constitution de l'an VIII, laquelle assit l'administration française sur les bases qu'elle a conservées depuis.

L'administration collective a laissé parmi nous des souvenirs analogues à ceux que la Belgique a gardés des préfets de l'empire, et peut-être ces sentiments tiennent-ils à la même cause. Dans les temps où le bien est impossible, on accuse les lois, au lieu de s'en prendre à la situation elle-même. Un pays où le pouvoir absolu s'était attaché, depuis plusieurs siècles, à étouffer l'habitude de faire ses affaires soi-même, devait manquer d'expérience et de modération dans l'exercice du pouvoir qui lui était si soudainement déféré. Les libertés locales sont d'ailleurs celles dont l'usage présuppose au plus haut degré un état calme et paisible ; elles réclament l'action combinée de toutes les influences et de tous les dévouements ; et ce n'était pas au moment où la révolution bouleversait le sol, où les temples étaient fermés et la propriété chancelante, que la vie municipale pouvait se développer et fleurir.

Une première épreuve, opérée en de telles circonstances, ne prouverait donc rien contre la valeur intrinsèque du système et ses chances éventuelles. Une plus longue habitude de la vie politique, une connaissance plus générale de l'administration, les années plus calmes qui semblent s'étendre devant nous comme le prix des souffrances de nos pères et de nos propres efforts ; enfin, le développement du principe électif, se combinant avec celui des lumières et de la richesse publique, fera-t-il jamais remettre aux corps délibérants des attributions administratives qu'ils sont aujourd'hui aussi incapables que peu jaloux d'exercer ? Question grave, qui ne saurait être incidemment traitée. Nous devons confesser seulement que si le pays paraît attacher un grand prix à surveiller le pouvoir et à contrôler ses actes, il en met peu à l'exercer par lui-même ; et sans nier que des idées analogues à celles de nos voisins ne prévalent un jour parmi nous, il faut reconnaître que ce jour est au moins fort éloigné, et que de tels besoins ne se manifestent pas encore.

Néanmoins, de tous les textes auxquels pourrait se rattacher l'opposition systématique de l'extrême gauche, condamnée à parler sans rien dire, en appuyant des hommes qui la repoussent, celui-là serait, je crois, le plus habile à prendre, le plus facile et le plus abondant à développer. L'organisation provinciale et communale de la Belgique est un thème que gnous recommandons à M. Barrot.

Quand les questions constitutionnelles sont fixées et que le pays semble vouloir enfin s'asseoir dans la position qu'il s'est faite, il faut, à moins de se condamner à une éternelle impuissance, quitter le champ appauvri des débats politiques pour explorer un terrain plus neuf ; se donner la peine d'approfondir les questions extérieures préparées par l'état de l'Europe ; s'attacher à concilier les théories de l'économie sociale avec l'autorité des faits ; susciter graduellement dans le pays des instincts d'activité administrative et d'association ; introduire la morale dans la politique, en faisant de son estime la mesure de son concours : ce programme, sans doute, en vaudrait un autre, et pourrait n'être pas toujours repoussé par la France.

C'est un grand bonheur pour un peuple que de n'avoir pas à faire en un jour l'apprentissage de la liberté. Les Pays-Bas autrichiens se sont élevés de leurs vieilles franchises administratives jusqu'à la liberté politique ; la Prusse poursuit la même carrière, qui fut fermée devant la France par les aveugles préoccupations du pouvoir. L'habitude de faire ses propres affaires sans l'intervention de fonctionnaires étrangers, le gouvernement local par les hommes de la localité, tel est donc le principe de la nationalité belge, son moyen le plus fécond de développement. Il faut que ce pays se prépare une génération d'administrateurs intègres de propriétaires capables, qui deviennent dans l'occasion hommes parlementaires, sans se laisser envahir par ce cosmopolitisme d'idées que la faute ambition inspire et que la vie publique surexcite : œuvre difficile, où la modération des goûts doit s'associer au développement des lumières, les croyances religieuses à une philanthropie pratique, le génie catholique, enfin, à l'esprit du XIXe siècle.

Là repose le seul espoir de cet avenir indépendant, que des passions ignorantes et brutales voudraient appuyer sur la haine de l'étranger, et qu'elles affectent de préparer en prêchant l'ingratitude au peuple que nos armes ont sauvé. Si l'imitation de la France, relativement à ses institutions intérieures, est un principe de mort pour la Belgique, l'influence française, dans ses relations politiques, est la première condition de son existence et de ses développements. La France a créé son armée ; et pour mener à bien cette œuvre, nos dignes officiers essuient des épreuves plus difficiles à supporter que les périls du champ de bataille ; elle a envoyé à sa jeunesse des professeurs, qui, dans leur noble mission, ont à lutter contre des jalousies de bas étage et contre une presse dont la nôtre n'approcha jamais dans ses plus audacieuses libertés. Enfin, la Belgique subit l'action incessante de nos idées, de notre littérature, de notre langue, de tout ce qui constitue notre puissance intellectuelle. Dans une telle situation, l'exciter à répudier ce qui fait sa force, c'est laisser croire qu'on songe bien plutôt à frayer la voix à l'orangisme, qu'à développer la nationalité belge ; et, pour nous, ce soupçon approche fort de la certitude.

L'instruction publique, telle qu'elle est organisée, est-elle de nature à imprimer une heureuse impulsion à l'esprit public ? Que sortira-t-il du chaos où les incertitudes législatives ont engagé cette partie principale des institutions ? Dernier problème que nous ayons à aborder, et dont la solution résumera toute notre pensée.

La constitution belge proclama le principe de la liberté d'enseignement, d'une manière aussi absolue que celui de la liberté religieuse ; mais de même qu'elle maintint le budget du clergé en face de son indépendance, elle décida qu'il y aurait des universités où l'instruction donnée aux frais de l'état serait réglée par la loi.

Si cette constitution avait reconnu, ainsi que le fait la loi française, ne fût-ce que comme donnée statistique, car une telle énonciation ne saurait avoir une autre valeur, que le culte catholique est celui de la majorité des citoyens, on eût pu tirer de ce fait des inductions naturelles et légitimes sur la direction à imprimer à l'instruction religieuse et aux doctrines philosophiques dans les établissements de l'état ; on aurait eu une sorte de présomption légale, à moins de manifestations contraires de la part des parents directement intéressés. Mais le gouvernement hollandais avait pesé sur l'enseignement et sur l'église d'une manière redoutable aux consciences, et l'on prit de telles réserves contre des dangers désormais impossibles, qu'on se prépara d'inextricables difficultés pour le moment où il faudrait discuter la loi organique et les matières de l'enseignement.

Les uns, s'appuyant sur l'incompétence absolue de l'état en matière religieuse, déclarèrent ne pas comprendre comment un gouvernement, qui ne peut avoir légalement ni croyances ni doctrines, pourrait diriger un enseignement sans prendre parti pour l'une d'entre elles, à moins de fonder autant de chaires qu'il y avait d'opinions dans le pays. On faisait remarquer avec raison qu'il n'est pas une des branches des connaissances humaines, depuis la métaphysique et l'histoire jusqu'aux sciences naturelles et médicales, qui ne touche aux bases même de l'esprit humain et aux problèmes les plus vivement controversés. L'on concluait que, pour être conséquente au principe, aussi bien que dans l'intérêt du pouvoir et de l'instruction elle-même, la législature devait placer l'enseignement sur le pied où il est établi dans les états de l'Union américaine.

Le gouvernement des États-Unis n'entretient en effet que des écoles militaires ; il n'exerce aucune juridiction sur les établissements d'instruction publique, et ne leur accorde des subsides qu'à titre d'encouragement ou pour fondation de bibliothèques et de collections scientifiques.

A ces observations sans réplique on ne répondait rien, sinon que les deux tentatives qui s'étaient produites jusqu'alors, la création de l'université catholique et celle de l'université libre, n'étaient pas de nature à répondre à tous lés besoins du pays, et que d'ailleurs le texte de la constitution supposait un enseignement gouvernemental.

La majorité s'engagea donc fort au hasard dans l'organisation universitaire, en laissant aux principes le soin de se concilier entre eux comme ils pourraient ; bien décidée, du reste, à exercer son influence sur le personnel, comme sur les matières et la direction de l'enseignement, quoique cette influence ne pût être légalement avouée.

On décréta donc le plan d'un vaste enseignement encyclopédique, copié sur les programmes indigestes des universités allemandes. La loi établit qu'il y aurait deux universités entretenues aux frais de l'état, l'une à Gand, l'autre à Liège.

Cette disposition par laquelle on parut vouloir satisfaire aux exigences de deux importantes cités, avait pourtant une portée toute différente. Il s'agissait de contraindre par voie indirecte la ville de Louvain, à laquelle on enlevait un établissement en pleine prospérité, à livrer à l'université fondée par les évêques, et provisoirement établie à Malines, ses magnifiques collèges, son immense bibliothèque, enfin tout ce qui s'attache de prestige à son vieux nom et à ses glorieux souvenirs. Ce plan, conçu avec plus d'habileté que de franchise, fut couronné d'un plein succès. Les offres de la régence furent acceptées avec empressement. Au bruit du canon de la garde civique et du bourdon de la vieille cathédrale dont les hautes tours tombèrent le jour même où mourut Juste-Lipse, sous ces gothiques arceaux où le moyen-âge sembla pour un jour secouer son sommeil, les prudhommes de la cité, traitant librement avec les délégués des évêques, leur remirent, par un contrat solennel, ces bâtiments grandioses où tout respire la méditation et l'étude, cette vaste halle aux draps que, selon la chronique brabançonne, cent cinquante mille ouvriers remplirent de leurs ouvrages, avant que de nombreux auditeurs ne s'y pressassent autour des doctes chaires.

Pendant que le parti catholique élevait ainsi, avec les modestes mais innombrables offrandes versées à la porte de chaque église, un établissement déjà imposant, l'école rationaliste, à l'aide de souscriptions recueillies par les journaux, formait une université libre. Cette tentative fut applaudie par tous les partis comme un hommage rendu à la liberté, et ces applaudissements furent d'autant plus unanimes, qu'il était difficile de prévoir pour cet établissement un avenir durable et une influence sérieuse.

Quatre universités se partagent donc le royaume. L'une s'appuie sur le vieux dogme, immuable comme la vérité mathématique et l'humanité dans ses conditions essentielles ; l'autre essaie de formuler cette loi du progrès plus facile à proclamer qu'à définir ; enfin les deux universités ministérielles, composées de professeurs de toutes les écoles, de croyants de toutes les sectes, hommes individuellement honorables, mais choisis pour satisfaire aux exigences les plus contradictoires, les deux universités de Gand et de Liège, dont la presse recueille toutes les paroles pour les faire remonter jusqu'au pouvoir comme à leur source, sont réduites à faire ce qu'on appelle *la science pour la science*, c'est-à-dire à disserter sans conclure.

Aussi peut-on penser que nonobstant la valeur personnelle des professeurs, et quoique la France ait prêté à la Belgique des hommes dont l'une et l'autre doivent être fières, les deux universités officielles, épiées à la fois par l'orthodoxie catholique et l'opposition libérale, ne sont guère appelées à exercer d'action philosophique sur le pays. Les études spéciales, telles que le droit et la médecine, fleuriront seules à Gand et à Liège, et si l'on en juge par le petit nombre d'élèves que l'université libre de Bruxelles a reçus jusqu'à ce jour, cette institution ne serait pas de nature à créer à l'université catholique une bien longue ni bien redoutable concurrence.

Il est donc évident que de Louvain sortira surtout la génération appelée à fixer l'avenir de la Belgique. Si les jeunes gens qui demandent à l'enseignement public une carrière et des moyens de fortune et de travail, se préparent à la profession d'avocat ou de médecin à Gand, à Bruxelles et à Liège, ceux pour lesquels les études universitaires ne sont qu'une initiation à la vie publique, aux loisirs d'une existence déjà faite, iront à l'université catholique pour y rencontrer des habitudes et des idées analogues à celles qu'ils auront emportées de leur famille, et qu'ils sont destinés à y retrouver bientôt. Or, il n'y a pas à démontrer, à qui connaît la Belgique, que dans cette classe, la plus importante et peut-être la plus nombreuse, puisqu'elle comprend la noblesse territoriale et la haute industrie, repose la principale influence sociale. Hors de là il n'y a guère que des unités sans puissance, que des chiffres sans zéros derrière pour faire nombre.

Le catholicisme a donc en Belgique une haute et patriotique mission c'est en ses mains qu'est commis l'avenir d'un peuple libre ; à lui de développer des intelligences lentes et paresseuses, de fixer des imaginations mobiles ; à lui le soin d'inspirer à la génération qui s'élève le tact délicat de l'honneur et de créer une armée nationale, de suggérer le goût de la vie publique sans la fiévreuse ambition qui la suit, de moraliser l'industrie dont il activera l'essor et saluera les conquêtes ; à lui enfin de prouver que les nationalités circonscrites ne sont pas déshéritées des principaux bienfaits de la civilisation humaine.

Cette tâche sans doute est ardue dans un siècle où l'entraînement des choses, autant que celui des idées, semble tendre à réunir les nations, et à la porte d'un peuple qui a consacré par l'apothéose d'un grand homme la monomanie des conquêtes. Tous les obstacles, d'ailleurs, ne sont pas au dehors ; le clergé belge en rencontrera de non moins graves dans son propre sein ; il lui faudra travailler sur lui-même en même temps que sur le pays, et se rendre digne de l'œuvre patriotique que les évènements ont placée en ses mains.

Le plus grand danger pour un corps religieux, c'est l'autorité même qu'il exerce quand elle est aussi universellement acceptée que dans ces provinces. Alors la vérité ne monte plus jusqu'à lui, et la flatterie le circonvient comme un roi sur son trône. Pour nous, qui adhérons, comme au principe même de notre vie intellectuelle, au dogme éternel dont il est dépositaire, et qui confessons cette intime solidarité dans un recueil où ce dogme rencontre souvent des adversaires, nous devons à ce nom même de chrétien de faire entendre des paroles qui n'étonneront personne en France, et qu'on trouvera peut-être hardies en Belgique.

Lorsque la Providence ajoute une mission patriotique à sa mission religieuse, le clergé doit comprendre qu'il contracte de nouveaux devoirs dans l'exercice desquels il cessera d'être protégé par le respect qu'il inspire à ses fidèles ; il doit exercer sa légitime influence avec la prudence et la modération qui seules peuvent la faire accepter, et se résigner quelquefois à la calomnie pour profiter souvent de la vérité. Il importe qu'il rejette surtout cette falsification hypocrite de l'histoire qui dissimule d'une part tous les abus, afin d'exagérer de l'autre tous les torts. Chargé de l'éducation de la jeunesse, que ses investigations soient larges et sincères, que rien ne signale un parti pris et un thème fait d'avance. Qu'il secoue la poussière des formules pédantesques et dégage l'immuable vérité du vêtement scolastique sous lequel elle étouffe, pour l'orner de l'éclatante couronne que lui préparent les longs travaux de la science humaine ; qu'en ces temps d'action et de lutte incessante, aux vertus naïves qui se développent à l'ombre du cloître, il sache substituer des vertus fortes et libres, ayant conscience d'elles-mêmes, et supérieures aux dangers du monde, non parce qu'elles les ignorent, mais parce qu'elles les méprisent. On devra modifier bien des traditions routinières, résister à bien des influences qu'on s'est accoutumé à considérer comme puissantes et qui trouvent fort doux de se croire telles ; il faudra dépenser de la patience et du courage dans ces luttes obscures et ignorées ; mais le but est grand devant les hommes et devant Dieu.

Nous n'entendons hasarder en terminant nulle conjecture sur l'avenir d'une nationalité faible encore et mal assise dans ses frontières. Il est évident que si les évènements européens entraînaient la France hors de ses limites avant que la Belgique n'eût acquis ce qui lui manque en esprit militaire et politique, la conquête de ce pays serait facile à faire, peut-être facile à conserver. Mais il faut peu d'années pour qu'un germe que nous croyons vivace jette des racines, s'il est habilement cultivé. Alors la question changerait de face, et la Belgique existerait par un droit supérieur à celui des protocoles.

Toute nationalité à l'ombre de laquelle grandissent des intérêts vraiment distincts, toute société qui n'est pas un obstacle au développement de la civilisation dont les nations chrétiennes ont le dépôt, doit être inviolablement respectée. C'est à la France qu'il appartient de faire consacrer ce principe, bien loin qu'elle ait intérêt à le violer pour son propre compte. Après avoir imposé aux nations le droit sauvage que l'empire couvrit des plis de son glorieux drapeau, le moment est venu pour elle d'essayer d'un autre prestige et de reprendre à la tête des peuples la place que la destinée lui assigne. Conquérante en Afrique, modératrice en Europe, civilisatrice partout, elle doit réclamer avec énergie et prudence contre des attentats pour lesquels il n'est pas de prescription, et pour prix de la rançon d'un peuple martyr dont le rétablissement importe à la sécurité de l'Europe, ouvrir à l'Orient devant une grande nation une voie large et naturelle cependant. Que la Belgique poursuive sans inquiétude une tentative digne d'intérêt : les circonstances décideront de la nature et de l'intimité de nos relations à venir. Qu'elle nous donne l'exemple d'une liberté pratique trop étrangère à nos habitudes ; et que nos espérances, au lieu de se fixer sur ces ex-départements de la France impériale, s'étendent sur le monde dont nous pourrions fixer les destinées.

Deuxième partie
L'état de Belgique

Chapitre 1

On s'est accoutumé en France à considérer le nouvel état belge comme un tronçon détaché d'un empire qui devra se reformer tôt ou tard, et cette prévention se lie à trop de souvenirs, de regrets et d'espérances nationales, pour que le premier mouvement ne soit pas de rejeter la pensée qu'une patrie étrangère puisse naître, encore moins soit née déjà, sur le sol même dont les traités de Vienne avaient prétendu faire la place d'armes de la sainte-alliance. Mais nous nous adressons aux esprits élevés, à ceux qui vont droit à la vérité, et, fût-elle importune, n'hésitent pas à la regarder en face. Nous leur demanderons si, à une époque aussi changeante que la nôtre, la juste ambition d'un grand pays comme la France peut se repaître éternellement des mêmes objets et tourner sans péril dans un cercle d'idées immobiles. Le temps inexorable marche, et modifie sans cesse les rapports de la famille européenne. Les petits états se font une destinée à part, pendant que les nations souveraines attendent patiemment que des clartés nouvelles s'élèvent sur leur horizon. Chaque heure de ce siècle qui s'écoule pour la France dans la paix et dans l'expectative déplace insensiblement le problème de son avenir ; chaque année qui s'ajoute à son passé d'hier démasque, en se retirant, un nouveau lendemain. C'est la connaissance exacte des perpétuelles altérations de sa donnée politique qui doit l'intéresser avant tout. Son théâtre est si vaste d'ailleurs, qu'elle ne saurait prendre alarme pour un peuple de plus qui sera éclos sous son aile. Témoin, depuis douze ans, de faits dont l'importance secondaire lui échappe dans le bruit que font autour d'elle les évènements de chaque jour, nous les dirons tels que nous les avons observés ; notre seul mérite, nous le revendiquons d'avance, sera une impartialité rigoureuse, et nous tirerons de cet examen, en tant qu'il intéresse l'avenir commun des deux pays, une conclusion que ce début ne fait qu'en partie pressentir.

Il est des nations dont il serait puéril de prouver l'existence : elles sont, pour rappeler ici le mot d'un grand capitaine, elles sont comme le soleil ; malheur à qui ne les voit point ! Mais d'autres, par un jeu cruel des circonstances, ont toujours été placées dans des conditions si étranges et si fausses, qu'on les nie même encore après que le congrès des empires a été forcé de les reconnaître. Tel est le petit peuple belge, composé jusqu'à ce jour en apparence d'éléments indécis et hétérogènes, mais sous sa physionomie un peu terne, au fond, singulièrement lui-même. C'est parce qu'il offre seul aujourd'hui l'exemple d'une pareille anomalie, que nous voulons démontrer qu'on a tort de lui contester sa place dans la société politique, et combattre une incrédulité qui lui a été si nuisible jusqu'à l'heure présente. Nous rassemblerons toutes les preuves éparses de sa personnalité nationale ; nous rappellerons d'abord sa naissance, contemporaine des plus fameuses origines, son passage, pour ainsi dire, souterrain à travers l'histoire, ses révoltes constantes, brusques éruptions de nationalité qui attestent l'existence du feu intérieur, son culte passionné de l'art où s'est réfugié son génie, et les causes fatales, pour la plupart indépendantes de lui-même, qui ont favorisé sa servitude, et, sans un accident heureux, l'auraient prolongée pour jamais. Sans la connaissance et l'examen réfléchi de son passé, on comprendrait mal ce que son caractère aujourd'hui a de vraiment individuel ; il est donc nécessaire avant tout de jeter un rapide coup d'œil sur cette vie latente de six siècles qui a précédé l'instant où il s'est dégagé de ses propres ténèbres : vie un peu mêlée à celle de ses maîtres et de ses voisins, parce qu'il le fut trop souvent lui-même à leurs passions et à leurs intérêts, mais qui s'en détache par certains évènements matériels ou moraux qui n'appartiennent qu'à lui, qu'on ne saurait attribuer à nul autre.

Le peuple belge, celui que nous voyons aujourd'hui régulièrement constitué, est descendu, comme toutes les autres nationalités européennes, de la société religieuse du moyen-âge ; seulement il en est sorti, non point tout d'une pièce et compacte, mais par fragments et par lambeaux. C'est ce qui fait qu'il semble né d'hier. Ici les chances, les vices même de l'établissement féodal, ont laissé tomber une semence impérissable dans les entrailles de la civilisation, et en ont en même temps étouffé le développement. Gouvernés par des vassaux de la couronne de France, les comtés de Flandre, de Hainaut et de Namur, ainsi que le duché de Brabant, si proches du foyer de puissance dont rayonnait celle de leurs seigneurs, auraient dû, dans le cours naturel des progrès et des envahissements de l'unité monarchique, y faire retour longtemps avant toutes les autres provinces du royaume. S'il en est, au contraire, qui semblaient ne devoir jamais se reprendre au grand corps dont elles avaient été démembrées, c'étaient bien plutôt celles dont la position excentrique, reculée encore par la barrière de la Loire, protégeait l'isolement. Cependant il est arrivé que les rois de France ont fini par arracher même la Guienne à des feudataires aussi redoutables que l'étaient les rois d'Angleterre, et quoique, depuis Philippe-Auguste jusqu'à Louis XIV, aucun n'ait perdu de vue la nécessité de reconquérir les provinces belges, ils n'ont réussi, en définitive, qu'à en recouvrer la limite extrême. Tout a tourné contre eux : leur politique traditionnelle, leurs desseins les mieux préparés, et le hasard même, qui amenait des dés si imprévus dans le jeu de la loterie féodale.

Ainsi, l'affranchissement des communes a plus gagné de villes aux monarques français que leur bon droit et leur épée. C'est pourtant ce grand acte imité par le seigneur de la Flandre qui a commencé à éloigner d'eux la possibilité de la lui reprendre un jour. Par des causes qu'il serait superflu d'énumérer ici, les communes de cette petite contrée s'élevèrent bientôt à un si haut degré de force et de richesse, que, rien qu'en agitant la bannière de leurs métiers, depuis Ypres jusqu'au port de Damme, elles faisaient sortir du sol des armées d'artisans, et voyaient se hérisser les remparts des outils du travail aiguisés en instruments de guerre. Là, le contrepoids que les rois avaient voulu établir pour balancer la puissance de leurs grands vassaux rompit de lui-même un pénible équilibre. La bourgeoisie, devenue puissance à son tour, n'était fidèle à son maître que quand il combattait son seigneur suzerain ; elle se tournait contre lui dès qu'il agissait en vassal. Il y eut des jours funestes où la Flandre tint toute la monarchie en échec, où l'on vit la fleur de la chevalerie française moissonnée en rase campagne sous sa faux plébéienne. Ainsi, la sanglante bataille des Éperons d'or fut l'Alhama du roi Philippe-le-Bel.

C'est là le moment précis où le peuple belge commence à se séparer de l'unité française : il faut remonter aussi haut, si l'on veut rassembler les origines éparses de sa nationalité présente. C'est dans le creuset des passions populaires du XIIIe et du XIVe siècle que se jette et s'élabore l'élément flamand, le plus considérable et le plus ancien de tous. On voit poindre alors et grandir une de ces animosités farouches qui individualisent les peuples, car tous ont commencé par la haine de l'étranger. Du jour où les communes de Flandre ont combattu l'armée royale et l'ont vaincue, le Flamand se distingue du Français, son voisin, par une antipathie prononcée, plus encore que par son langage. C'est la haine de l'Écossais pour l'Anglais, si vivace à la même époque, haine que le temps affaiblira et qui finira par disparaître, comme elle est effacée à présent sur les deux bords de la

Tweed, si la fusion s'opère à temps entre les deux peuples, mais qui se transformera, du côté du plus faible, en une habitude de défiance ombrageuse, s'ils continuent à vivre séparés. Pendant la première période de la puissance communale dans le nord, qui embrasse tout le temps de la splendeur de la commune de Gand et se termine à la bataille de Roosebeeck (1381), où le second Artevelde périt, le comte de Flandre demeure attaché à la France, parce qu'il ne peut rien sans son secours ; ses partisans en minorité sont flétris du nom de Liliards, et trouvent plus d'une fois leurs vêpres siciliennes. Il y a enfin une sorte de nationalité flamande prolongée jusque vers l'Allemagne, qui fait front à la nationalité française.

En même temps, deux faits d'un parallélisme bien remarquable vont se répéter de siècle en siècle d'un côté, les efforts infructueux de la monarchie française pour rentrer en possession des provinces septentrionales qui ont relevé d'elle, et de l'autre, dans ces mêmes provinces, des symptômes réitérés d'existence individuelle, n'aboutissant jamais jusqu'à constituer l'individu.

Pourquoi ces deux tentatives contraires, dont l'issue semble n'avoir pu être semblable, échouèrent-elles également ? Nous l'allons expliquer. Il se présenta deux fois, à cent ans d'intervalle, une heure décisive et solennelle où les rois de France auraient pu, grâce aux lois féodales, s'emparer de la plus grande partie de la Belgique et la réunir à leur empire. Cette heure qui passe et qui ne revient plus, eux la virent deux fois, et deux fois ils la saisirent mal. Elle sonna d'abord en

1379, vers l'époque de la chute de la commune gantoise. Le comte de Flandre, Louis de Male, tout dévoué à la France, n'avait qu'une fille ; unie à un prince français, elle rapportait à la couronne le riche domaine que le temps en avait distrait. Charles V, il est vrai, ne laissa point échapper une occasion si belle, mais il fit la faute de donner la main de Marguerite à son frère Philippe-le-Hardi, déjà maître, par suite d'une première faute, du duché de Bourgogne à titre d'apanage héréditaire, et l'état bourguignon s'éleva, en face de la France, plus considérable un moment que la vieille monarchie même. Un concours d'évènements identiques se reproduisit à l'extinction de la ligne masculine de cette maison ducale dans la personne de Charles-le-Téméraire. Une jeune fille hérite alors de tout cet amas de puissance qu'avait laissé s'accumuler l'imprudence d'un roi réputé sage. Louis XI, dont on admire tant le génie politique, tombe dans la même erreur et favorise, par sa manie des intrigues ténébreuses, l'avènement d'une puissance plus colossale encore. Au lieu de précipiter, par une invasion rapide, le mariage de Marie avec le dauphin, il attend de la corruption, pratiquée sous main, ce que la conquête seule lui aurait donné. Pendant qu'il complote sourdement, le feu mal éteint des rébellions communales se rallume ; les partisans de la France, Hugonet et Imbercourt, sont décapités sur la place publique de Gand, et le peuple victorieux donne à Maximilien d'Autriche la main de sa duchesse éplorée : évènement capital d'où sortit le monstrueux empire de Charles-Quint, comme un siècle auparavant un autre mariage avait suscité l'essor de la puissance bourguignonne ; occasion deux fois perdue qui ne devait plus se retrouver, car l'institution féodale marchait rapidement à sa décadence, et les droits de la couronne allaient se prescrire sans retour. Depuis ce moment, la France, toujours attentive aux nécessités de sa position géographique, ne put convoiter la possession de la Belgique sans troubler le nouvel équilibre peu à peu substitué en Europe à l'anarchie politique des temps que nous venons de parcourir.

Comment, de leur côté, les communes flamandes laissèrent-elles passer l'occasion de s'élever au rang de peuple, et usèrent-elles dans des actes déréglés de pouvoir une force qui, mieux ménagée, les eût conduites peut-être à la conquête paisible de leur indépendance ? C'est qu'elles étaient des communes, et rien de plus ; souveraines à ce titre, toutes les fois que la faiblesse de leurs maîtres relâchait les liens de leur obéissance, mais incapables, sous l'empire du principe qui les avait fondées, d'y substituer les nœuds plus durables qui forment les nations. La liberté au moyen-âge diffère essentiellement de la liberté moderne : elle était une exception au sein de la servitude sociale hiérarchiquement organisée, une *franchise* pour tout exprimer d'un mot, tandis que celle-ci est un droit universel dont les besoins seuls de la société autorisent à limiter l'usage. Aussi, comme il lui manquait la faculté de généralisation qui distingue la nôtre, elle ne dépassa point les bornes étroites de la cité, et eut tous les vices de l'égoïsme, l'orgueil, l'ambition, l'amour exclusif de soi-même et l'indifférence pour autrui. Les communes étaient despotiques et jalouses comme tous les privilégiés ; satisfaites de leurs chartes, soucieuses seulement d'en assurer le respect, elles ne songeaient pas plus à combattre en dehors d'elles le principe de la servitude que les affranchis, dans l'antiquité, n'avaient eu la pensée généreuse de détruire l'esclavage. La patrie, pour chacune d'elles, commençait au pied de leur beffroi et finissait à leurs murailles, et chacune d'elles voyait dans sa voisine une rivale que l'instinct de l'envie désignait à sa haine. Si un danser commun les forçait parfois à se coaliser, le retour de la sécurité venait les replonger bientôt dans l'isolement de leurs antipathies furieuses. Bruges était Capulet à Gand, et Gand lui était Montaigu ; cette même cité de Bruges s'efforçait, dès qu'elle croyait l'occasion favorable, de ramener sous sa juridiction les campagnes environnantes qu'une sorte de charte rurale en avait détachées sous le nom de *Franc*. Telles furent, sous un autre aspect, les tendances funestes des républiques italiennes, filles malheureuses de la démocratie du moyen-âge, qui s'entredéchirèrent le sein avant l'aurore de la liberté moderne. S'il faut s'étonner de quelque chose, c'est que Bruges, Ypres Courtray, villes indépendantes de fait, ne l'aient point été un moment de droit comme d'autres cités moins riches au-delà des monts ; c'est que Gand surtout, qui, sous la conduite de ses deux grands *ruwaerts*, Jacques et Philippe d'Artevelde, levait des armées, organisait des confédérations municipales, signait des traités de commerce et d'alliance avec les rois d'Angleterre, n'ait point ambitionné l'honneur de former un état distinct à l'exemple de Pise et de Florence. Mais qu'une nation flamande ne soit pas sortie de ces jours lointains de grandeur et de prospérité, cela ne doit point nous surprendre. Y a-t-il de nos jours une patrie italienne, à moins que vous ne donniez ce nom à l'objet déplorable de l'amour sans espoir et des regrets amers de vingt peuples, ennemis quand ils étaient puissants, réconciliés depuis qu'ils ont perdu la force d'âtre libres ? Comme eux, la Flandre laissa passer une occasion précieuse, et devenue l'héritage d'un César maître des deux hémisphères, comme eux aussi, elle ne la retrouva plus.

Cependant un second élément national concourait à former le caractère de ce peuple dont le nom n'apparaîtra qu'au XIXe siècle. C'est dans les provinces *wallonnes* ou françaises que nous le signalerons. Là, au moyen-âge, il n'y avait pas de langue qui établit déjà une barrière naturelle entre des provinces dépendantes d'une même couronne, et justifiât jusqu'à un certain point leur séparation politique. On parlait, dans les comtés de Hainaut et de Namur, ainsi que dans l'évêché de Liège, l'idiome dominant en-deçà de la Loire. Le wallon actuel n'est autre chose que la langue d'oïl ou d'oui qui est tombée à l'état de patois en demeurant au fond du peuple. Nous ne doutons point que cette dégénérescence ne soit due aux circonstances qui rejetèrent une fraction de la famille française en dehors de la France politique. Pendant que la langue parlée par celle-ci suivait les progrès d'un état destiné à occuper un rang si élevé dans la civilisation, le vieil idiome s'immobilisait dans les extrémités mortes, pour ainsi dire, où ne circulait plus la sève du tronc principal. Ce serait une étude intéressante à faire que de rechercher, au moyen de la philologie, l'instant précis où les modifications de la langue d'oui s'arrêtent dans le nord, où elle y devient stationnaire ou plutôt croupissante sous la forme du wallon. Je suis convaincu que cet instant coïnciderait avec l'époque où l'action du foyer, jusque-là commun, cesse de s'y faire sentir, par suite des circonstances qui détachèrent définitivement ces provinces du reste de la monarchie.

La partie française de la Belgique n'a guère d'histoire propre au moyen-âge. Le Hainaut, le comté de Namur, le Luxembourg même, suivent la destinée de la Flandre, lorsque des alliances de famille les réunissent sous le sceptre d'un même seigneur. L'évêché de Liège, qui dépend de l'empire, a seul des annales intéressantes, et la vie municipale de la commune liégeoise offre des traits de ressemblance avec celle des grandes cités flamandes. Les Liégeois sont presque toujours en guerre ouverte avec leur évêque, qu'ils assiègent dans son palais épiscopal, qu'ils déposent parfois, et que parfois ils massacrent. Eux aussi lèvent des armées redoutables ; eux aussi, avec leurs piques et leurs maillets, ne craignent pas d'affronter sur les champs de bataille les lances de la gendarmerie bardée de fer. On cite d'eux des actions d'un héroïsme sauvage, comme on en trouve dans toutes les luttes de la liberté, d'intrépides dévouements qui n'eussent pas déparé les journées de Sempach et de Morat, mais qui n'ont point retenti dans l'histoire, parce qu'il ne suffit pas de l'enthousiasme du patriotisme pour illustrer un peuple : il faut que le sang de ses holocaustes ait rejailli sur l'autel de la civilisation et l'ait sanctifié, et jamais la postérité ne tient compte des sacrifices qui furent inutiles à la cause du genre humain. Comme on le voit, l'élément français, quoique partie constitutive de la nationalité belge, a moins de vie, de puissance et d'originalité que l'élément flamand. Mais, entre deux fragments de peuple ayant passé déjà par les mêmes phases de l'indépendance communale, la fusion sera facile, et elle s'opérera peu à peu sous le régime des ducs de Bourgogne, lorsque, soudés l'un l'autre par une force supérieure, ils se seront accoutumés à vivre d'une vie commune, à partager les mêmes sentiments, les mêmes passions et la même fortune.

C'est ainsi que la Belgique actuelle pénètre par ses racines jusqu'au fond du moyen-âge, racines si vivaces, que, labourées avec le sol qui les avait reçues et toujours foulées sous les pas des conquérants, il en devait jaillir sans cesse des rejetons nouveaux. Maintenant il faut redescendre tout d'un coup jusqu'au XVIe siècle pour retrouver une seconde expansion de cette sève qui mérite de fixer nos regards. Les communes ne sont plus : le feu des discordes populaires s'est retiré de tous ces foyers épars pour aller se concentrer sur un plus vaste théâtre ; mais le génie de la liberté municipale a laissé trop de ferments d'agitation au sein des provinces belges pour qu'elles soient les dernières à se précipiter dans l'arène nouvelle des passions humaines. La réforme vient remuer le monde : des troubles éclatent aussitôt dans les Pays-Bas. C'est à ces troubles que la Hollande doit son origine et sa rapide splendeur : le rôle du peuple belge, qui retomba sous le joug de l'Espagne, s'en est trouvé obscurci. Cependant la lutte, de son côté, ne fut ni moins acharnée ni moins glorieuse. Peut-être la Providence ne voulut-elle pas qu'une nation continentale autant que maritime s'élevât aux portes de la France, car, si Philippe II et ses successeurs n'avaient point réussi à faire rentrer dans le devoir la partie méridionale des provinces révoltées, il n'y aurait eu qu'une république depuis les bords du Zuiderzée jusqu'aux portes d'Arras ; la réforme aurait accompli pour jamais ce que la diplomatie a tenté vainement de fonder en 1815. Les Hollandais alors différaient peu des Flamands, dont ils n'avaient d'ailleurs ni les richesses ni la célébrité ; une même foi les eût rapidement confondus, le dissentiment religieux les sépara sans retour. Il y avait sans doute dans la nature des Belges, passionnés pour l'art au même degré au moins que les Français, cet instinct des croyances expansives et rayonnantes qui est incompatible avec les dogmes arides du protestantisme. Quand ils eurent épuisé dans une insurrection stérile le reste d'inquiétude qui leur venait des anciennes querelles communales, ils acceptèrent de nouveau la domination lointaine de leurs maîtres, et entrèrent dans une longue période d'anéantissement social et de léthargie politique, pour ne plus se réveiller qu'au bruit précurseur des tempêtes modernes. Mais de leur insurrection du XVIe siècle sortit pour eux un dernier élément de patriotisme qu'une longue immobilité devait préserver longtemps de toute atteinte ; nous voulons parler de cet attachement presque fanatique au catholicisme qui forme aujourd'hui encore un des côtés les plus saillants de leur caractère national.

Ce n'est pas qu'ils aient passé sans transition de leur existence si turbulente du XVIe siècle à l'inertie végétative des deux âges suivants. L'Espagne, effrayée peut-être de leur impatience naturelle, et désespérant de les contenir de si loin, s'ils tentaient de se soulever encore, voulut les constituer en un état séparé qui aurait été gouverné par une dynastie nouvelle issue de la maison d'Autriche. Cette combinaison prudente eût peut-être changé le cours de leur destinée nationale, si les archiducs Albert et Isabelle, en faveur de qui elle avait été faite, avaient laissé une postérité. Le règne trop court de ces princes est cependant resté dans la mémoire du pays, et ce qui le lui rend cher encore, c'est qu'il fut illustré par Rubens, le Michel-Ange flamand, et par sa splendide école.

Nous touchons à l'histoire moderne, et, sur le chemin où nous avons suivi pas à pas la trace si souvent effacée de la nationalité belge, c'est encore une levée de boucliers qui nous arrête au bord de l'abîme de 89. Chose étrange et qui mérite bien de fixer l'attention des lecteurs français, pendant que l'esprit régénérateur du XVIIIe siècle souffle sur les peuples et sur les rois, la Belgique seule, comme cette princesse des contes de fées qui dormit cent ans, se réveille dans ses vêtements gothiques et se lève pour agiter une dernière fois devant son souverain la vieille bannière communale ; car c'est sous ce jour qu'on doit envisager l'insurrection brabançonne, qui a passé inaperçue au milieu des convulsions d'une société expirante. Cette révolution (puisqu'elle porte un aussi grand nom) est toute féodale et recule vers le moyen-âge elle n'emprunte au XVIIIe siècle que sa date. La Belgique, pétrifiée, pour ainsi dire, par l'habitude d'un despotisme d'ailleurs paternel, n'avait pas fait un pas en avant depuis l'époque d'Albert et d'Isabelle. Elle en était encore à ses vieilles franchises de villes et de provinces, pendant que le cri d'égalité faisait tressaillir les échos des deux mondes. C'est d'elle qu'on pouvait dire qu'elle n'avait ni rien appris ni rien oublié. Et cela va si loin, qu'au rebours des autres révolutions contemporaines, les rôles naturels sont intervertis dons celle-ci. C'est du trône que descendent les réformes, et c'est le peuple qui les repousse. Joseph II était un de ces disciples couronnés de Voltaire, qui, faisant dans leur esprit un compromis bizarre des devoirs du philosophe avec les droits du monarque, entendaient pousser le progrès à coups de bon plaisir. Son peuple des Pays-Bas, isolé du reste de l'empire, lui parut merveilleusement propre aux expérimentations de sa royale fantaisie. Par malheur, les Belges ne virent en lui que leur comte et leur duc d'autrefois qui déchirait de respectables privilèges. Les Brabançons, entre autres, avaient conservé leur antique charte sous le nom de *joyeuse entrée*, charte que Joseph II avait jurée à son avènement, et que, dans son ardeur pour les nouveautés, il n'hésita pas à violer : de là cette

151

insurrection organisée dans les couvents, légalisée dans les assemblées provinciales, et soutenue par une armée de la foi. Il y avait sans doute au milieu de tout cela un parti des idées modernes ; mais il était très faible encore, et Vonck, qui les représentait à côté de Vandernoot, le tribun gothique, voulut en vain imprimer au mouvement une direction plus conforme au génie de son temps. Lorsque le sort des batailles eut donné ensuite la Belgique à la république française, celle-ci trouva la révolte étouffée ; mais, confondant habilement avec sa propre cause celle d'un peuple opprimé au contraire pour son attachement à l'ordre social qu'elle venait de détruire, elle ne voulut voir dans la révolution brabançonne que le fait extérieur de la résistance aux volontés d'un despote, et la convention, sur la requête de quelques clubs où s'agitait la lie du peuple conquis et de l'armée conquérante, se hâta de décréter la réunion des Pays-Bas autrichiens au territoire français, malgré les protestations impuissantes des véritables patriotes, dont elle feignait de remplir le vœu le plus ardent.

Résumons-nous ici. Dès le XIIIe siècle, le peuple belge apparaît dans ses républiques municipales ; dès le XVe, les deux éléments, flamand et wallon, dont il est composé, se joignent et se combinent. Dans la période suivante, il prend part aux sanglantes querelles de la réforme, et ne s'en retire que plus dévoué à la croyance catholique, et lorsque les révolutions nouvelles éclatent, il lui est resté de toutes ses épreuves un caractère national si bien à lui, que seul on le voit remonter péniblement son passé, tandis que le reste du monde se précipite en désordre, à la voix de la France, sur la pente de l'avenir.

La domination française altéra jusqu'à un certain point l'originalité de ce peuple si longtemps stationnaire. En l'enchaînant à son destin, la république le contraignit d'entrer dans le courant du siècle. Par la suppression des couvents, elle détruisit l'influence temporelle de la religion ; par la vente de leurs biens, devenus nationaux, elle démocratisa la propriété. L'empire consomma cette œuvre de rénovation, et le code civil, qu'il aura la gloire d'avoir rendu partout également populaire, a constitué sans retour la société belge sur le modèle de la société française. Ce sont là d'immenses réformes ; de même qu'en France, elles n'ont point eu leur restauration. La réaction de 1814 ne fut que politique ; la conquête de 1794 avait été sociale. C'est pourquoi, dans le grand classement des nations modernes, la Belgique occupe désormais sa place du côté où campent les forces de la révolution, et, sous peine de suicide national, il ne lui est pas permis d'être transfuge. La Belgique est française par ses lois, par l'institution nouvelle de la propriété, par la suppression de ses anciennes castes, et surtout par cette vie intime d'un quart de siècle, par ces souvenirs brillants de périls et de gloire partagés avec la France impériale, que, dans son juste orgueil, elle ne répudiera jamais. Quelques années enfin lui ont suffi, dans le dernier siècle, pour franchir la distance énorme qui la séparait du peuple progressif par excellence. Mais on aurait tort d'en conclure qu'une nation qui avait tant gardé de son passé ait pu se transformer radicalement dans une crise aussi courte qu'elle fut terrible. Quoique initiée à une existence nouvelle, elle est toujours au fond la fille posthume du moyen-âge. Elle lui doit toujours ce qu'elle a de force et de vitalité propre, et tant de traits qui la distinguent de la famille française. Sa résistance de quinze ans au mariage que lui avait imposé la sainte-alliance l'a bien prouvé, et la pensée de cette résistance ne lui est pas venue après coup, comme on le croit généralement. Elle a précédé l'union même. En effet les notables, consultés en 1814 pour l'acceptation de la loi fondamentale, la repoussèrent à la majorité des votes : le souverain du nouveau royaume, imitant l'exemple de la convention passa outre ; mais le fait a subsisté. Plus tard, quand la Belgique s'insurgeait contre ce roi, le plus libéral après tout qui fût alors en Europe, quand elle le combattait avec les armes de la religion, au moment où la religion se rendait odieuse à la France nouvelle, ce n'était point, il faut en convenir, à l'influence des idées françaises qu'elle obéissait. Quoique le temps l'eût bien changée, elle retrouva dans Guillaume Ier un second Joseph II, et les anciens partis de Vonck et de Vandernoot se reformèrent sous d'autres noms. Seul, le libéralisme ne serait jamais parvenu à creuser un abîme entre la Belgique et la Hollande ; il avait même commencé par se caser dans la nouvelle patrie que les traités lui avaient faite. Les seuls dissolvants vraiment actifs de la combinaison néerlandaise de 1815, ce furent l'incompatibilité des croyances religieuses et la recrudescence des anciennes rancunes populaires. Ainsi le clergé ne voulut pas recevoir, dans un collège fondé par un roi protestant, l'éducation libérale qu'il se donne aujourd'hui dans ses séminaires et dans son université ; les Flamands refusèrent de parler la langue hollandaise, qui diffère si peu de la leur ; tous furent insensibles à la prospérité nouvelle qu'ils devaient au partage du commerce des Indes ; bien peu balancèrent à en faire le sacrifice, quand le contre-coup des évènements de juillet eut précipité le dénouement de leur propre drame, et le drapeau qu'ils déployèrent alors, ce furent ces mêmes couleurs brabançonnes que les métiers et les couvents avaient promenées en 89, dans des processions moins fameuses, mais plus étranges encore que celles de la ligue.

Tel était, lorsque sa propre révolution éclata, le peuple qui, après s'être vu pendant tant de siècles le jouet et la proie de la politique, parvenait enfin pour la première fois à proclamer son indépendance. Nous ne rappellerons pas les circonstances particulières auxquelles il doit d'avoir pu la faire accepter par les puissances dont le concours règle le sort du monde ; nous voulons seulement insister sur un fait assez considérable dès aujourd'hui pour qu'on se donne la peine de le méditer. Depuis douze ans, la Belgique s'appartient et vit d'une vie qui lui est propre : en douze ans, un peuple qui serait né tout entier dans une heure d'enfantement et de trouble ne serait rien encore ; mais si, comme nous venons de le montrer, il compte son passé par siècles, s'il est arrivé jusqu'à notre époque avec une individualité que ni les vicissitudes de son servage constant, ni l'action irrésistible des âges, n'ont pu entièrement effacer, il a eu le temps déjà de reconquérir son histoire et de fixer les conditions de son avenir. Aussi le travail de la nationalité belge, dans cette durée si bornée encore de son établissement nouveau, a été rapide et continu. Cette Belgique, qu'on prenait d'abord pour un accident, a senti le besoin de désabuser l'Europe ; elle a compris l'importance qu'il y a pour les petits peuples à s'emparer de leur terrain, et chaque heure de sa liberté a été pour elle une heure féconde et précieuse. Tout a concouru à stimuler son énergie. Outre l'élan ordinaire qui pousse les sociétés au sortir des révolutions, l'issue inespérée de sa lutte de quinze ans a exalté son courage. Quand elle s'est vue tout à coup nation dans l'univers moderne, et nation reconnue par ces volontés hautaines qui, quinze ans auparavant, avaient tracé partout d'inflexibles frontières, aussitôt, avec la confiance que donne la faveur inattendue de la fortune, elle s'est prise à croire à la possibilité de toujours vivre ainsi, et, sans se dissimuler la grandeur des périls qui la menaceront plus tard, elle a marché droit devant elle, soutenue par un secret pressentiment que le destin la doit favoriser encore. C'est grâce à cette heureuse sécurité qu'elle a pu accomplir, dans ses voies particulières, des progrès dont nous allons faire apprécier l'étendue, en racontant son existence intérieure, comment, à l'ombre du régime qu'elle-même a fondé, elle vient de manifester enfin son génie, et quels obstacles plus nombreux et plus puissants chaque jour elle se hâte d'opposer à son absorption future par le seul de ses voisins qui n'en ait pas abandonné l'espoir.

Observons d'abord les institutions qu'elle s'est données. En les expliquant, nous rencontrerons des dissemblances profondes qui distinguent son ménage politique de celui de la France, et qui tiennent précisément à la différence de leur nature, de leurs penchants et de leur origine.

Il y a, dans la vie de certains peuples, des tendances si impétueuses et si persistantes, qu'elles traverseront sans dévier des crises où les institutions les plus fermes iront s'abîmer sans retour. C'est ainsi que les historiens ont montré comment a grandi sans relâche, dans les luttes de la réforme, sous la monarchie absolue et depuis l'avènement de la démocratie, cette unité fameuse qui fait la force de la France nouvelle et qui donne tant d'autorité à son apostolat social, unité qui, dans son régime intérieur, s'est formulée par la centralisation, et, dans sa charte, a laissé tant de pouvoir encore au principe le plus compromis par les révolutions, au principe de la royauté. En Belgique, la tendance a toujours été contraire ; la vie nationale, comme on vient de le voir, s'est jadis éparpillée dans les villes et dans les provinces eh bien ! c'est vers la décentralisation qu'elle incline encore. Aussi, pour qui ne connaîtrait pas son histoire et ses mœurs publiques, sa constitution serait inintelligible et paraîtrait d'une application impossible. En effet, cette loi fondamentale, considérée absolument, est infiniment plus libérale que la charte française ; aux yeux d'un observateur superficiel, il semblerait que le pouvoir monarchique ne devrait pas subsister un seul jour chez un peuple qui en a environné l'exercice de tant de restrictions et de tant de défiances. Mais regardez de plus près ; le congrès constituant de 1831 n'a pas voulu établir le gouvernement démocratique pur ; il n'a pas été hostile à la royauté : c'est le régime provincial et municipal cher à un pays célèbre par la splendeur de ses communes, qu'il a été jaloux de maintenir. Aussi les législatures suivantes se sont-elles hâtées de développer, dans des lois organiques, un principe qui n'avait été que posé dans la constitution. Et tel est l'attachement des Belges à cette liberté, la seule que ni l'Espagne ni l'Autriche n'osèrent point anéantir, que tout récemment ils ont considéré la faculté donnée au gouvernement de nommer le bourgmestre (le maire) en dehors du conseil communal, comme une grave concession faite au pouvoir royal ! Pour mieux faire comprendre encore l'empire de ces habitudes séculaires, que la Belgique a conservées de sa vie municipale du moyen-âge, nous dirons qu'elles seules ont le pouvoir de déplacer, en certaines occasions, la majorité législative, si peu variable d'ailleurs. La Belgique ne compte que neuf provinces équivalant, pour l'étendue, aux départements français. Sur ce nombre, il en est deux (le Limbourg et le Luxembourg) qui, morcelées par le traité des 24 articles, sont loin d'avoir l'importance des sept autres. Parmi ces dernières, les deux Flandres (orientale et occidentale) composent presque une petite nation à part, dont la députation, extrêmement nombreuse en raison d'une population très condensée, forme un véritable parti dans les questions d'intérêt purement matériel. Son opposition a presque la valeur d'un véto absolu. Pour le prouver, nous n'en citerons qu'un exemple. Le projet de chemin de fer présenté dans la session de 1833 à 1834 n'avait d'abord pour but que de relier le port d'Anvers à la ville de Cologne. L'utilité en était incontestable ; cependant, sans l'embranchement accordé à Ostende, il n'aurait point passé. Le Hainant, riche de ses fers et de ses houilles, est une province avec laquelle il faut compter. Celles de Liège et d'Anvers ont aussi des intérêts tout locaux que le gouvernement doit savoir ménager, s'il ne veut pas compromettre le sort des lois les plus nécessaires au bien-être du pays tout entier Quant à l'ancienne division des Wallons et des Flamands, elle ne se fait point jour dans la politique et s'efface insensiblement dans le peuple. Mais ce n'est pas tout : les grandes villes de la Belgique ont une importance presque égale et sont par elles-mêmes des pouvoirs qu'on ne heurte pas impunément de front. Gand, dont Guillaume Ier avait fait le Manchester de la Néerlande, a été orangiste jusque dans ces derniers temps ; il a fallu toute la prudence et toute l'adresse du nouveau régime pour l'amener à se rallier. Anvers saigne encore des blessures que lui a faites la révolution, et ses plaintes, souvent injustes, toujours amères, sont patiemment écoutées par le reste du pays, qui voudrait lui rendre son ancienne splendeur commerciale. Liège vit dans un milieu à part, et se considère comme le centre de la famille wallonne. Bruxelles, théâtre de la révolution, siège actuel de la royauté et du gouvernement, se voit souvent contester son titre et es prérogatives de capitale par ses trois ombrageuses rivales, qui la traitent de ville de cour et la jalousent, comme ailleurs on envie les courtisans. Aussi le gouvernement se garde bien de brusquer la centralisation ; il partage avec une impartialité peut-être timide ses grâces entre les quatre grandes villes, et s'excuse du mieux qu'il peut, chaque fois que la force des choses le pousse à favoriser plus particulièrement la résidence des corps politiques et du souverain.

Ainsi voilà un premier point de dissemblance entre la France et la Belgique. Ici, la centralisation absolue ; les villes et les départements (qui ne représentent plus les anciennes provinces) sacrifiés, se sacrifiant eux-mêmes à l'unité nationale ; là, au contraire, des provinces attirant tout à elles, des cités fières et prépondérantes, une tendance constante à la dispersion des intérêts, que le pouvoir respecte tout en l'empêchant de nuire à l'intérêt commun.

Revenons à la constitution : elle a consacré les principes les plus avancés des théories modernes, le suffrage presque universel (tant est bas le chiffre du cens électoral), l'éligibilité exempte de tout cens pour l'une des deux chambres, la condition d'âge pour ainsi dire illusoire, et la rétribution (sous forme d'indemnité) des fonctions de représentant qui en permet l'accès aux ambitieux dépourvus de fortune. Comment l'a-t-elle pu faire sans danger pour l'avenir ? C'est que, depuis le dernier siècle, il y a en Belgique deux partis bien nettement tranchés, celui des idées religieuses qui représente la conservation, en ce sens qu'elle la fait dépendre de la moralité du peuple et de sa soumission à l'église, et le parti des idées modernes ou du progrès ; la bannière de Vandernoot et le drapeau de Vonck, comme nous l'avons déjà dit, avec des couleurs nouvelles. Or, dans un pays où les partis sont vigoureusement fixés, la charte la plus libérale ne laisse rien au hasard des aventures. Ainsi la Belgique partage avec l'Angleterre l'avantage précieux d'avoir ses tories et ses whigs, des hommes d'état dans les deux camps, et deux administrations complètes toujours préparées à se succéder l'une à l'autre ; la force d'inertie du sentiment religieux remplace pour elle les garanties de stabilité que, de l'autre côté de la Manche, on a cherchées dans le maintien d'une aristocratie de caste.

Ce jeu régulier des institutions politiques n'a pas d'analogie en France, où l'opposition constitutionnelle se prolonge, faute de limites, jusqu'à la faction républicaine, et ne refuse même pas le secours de la faction carliste ; où la conservation, agglomérée autour de la dynastie en masses indisciplinées et confuses, s'en détache trop souvent par fractions de partis et va grossir les rangs de ses adversaires de la veille. C'est qu'en France, avant tout, il y a deux principes en présence, la démocratie et la monarchie, entraînés par leur lutte à sortir chaque jour de la sphère des idées, pour recruter dans la nation leurs armées flottantes et engager un éternel combat qui remet sans cesse les choses en question. Si cette lutte est nécessaire, si chacune de ses péripéties et de ses catastrophes intéresse vivement l'avenir de la société tout entière, elle livre un grand pays à toutes les incertitudes du lendemain, et ne lui a pas permis jusqu'à ce jour de déterminer d'une manière fixe et durable les conditions de sa politique intérieure.

Sous le régime que le peuple belge s'est donné, les partis au contraire ont leur mission tracée depuis longtemps. Ils étaient antérieurs à l'indépendance du pays ; tant qu'il a fallu résister pour la conquérir, ils sont restés unis ; après la victoire, ils ont fait la constitution de commun accord, et une fois entrés dans une vie normale, ils se sont séparés pour travailler, chacun avec ses propres armes prises dans cet arsenal commun, à faire dominer leur principe. Le parti catholique est le plus puissant, d'abord en ce que, par ses idées appartenant au passé, il pénètre plus avant dans l'antique nationalité du pays, ensuite parce que, comme tout parti soumis à une autorité qui ne se discute pas, il est plus solidement organisé. C'est le clergé qui le dirige, et le clergé obéit aveuglément à ses évêques. Le clergé belge ne relève que de lui-même ; maître absolu chez lui, il ne dépend pas même du pouvoir par le subside qu'il en reçoit, et qui lui est payé plutôt à titre de liste civile. Grace à cette position qu'il s'est assurée en prenant part à la discussion du pacte constitutionnel, il a formé, au moyen de l'épiscopat, un véritable état dans l'état, qui dispose admirablement de toutes ses ressources et ne laisse rien aux écarts des individualités. Dans les grandes circonstances, telles que les élections générales, qui, tous les deux ans, renouvellent une partie de la législature, les rôles sont arrêtés d'avance, les candidats désignés et les manœuvres électorales exécutées avec cet ensemble d'action qui caractérise l'obéissance hiérarchique. Il a son budget volontaire que d'abondantes souscriptions alimentent, et qui pourvoit à ses dépenses politiques. Toutes les sectes chrétiennes ont fait dépendre la perpétuité de leur influence sociale de l'instruction, en d'autres termes, de la moralisation de la jeunesse. Si, dans le catholicisme, une communauté fameuse a pu survivre aux cours nombreux qui l'ont frappée, c'est que depuis son origine elle a poursuivi avec une ardeur infatigable la pensée de ses fondateurs, qui a été de s'emparer, par l'éducation, des générations nouvelles avant qu'elles entrent dans le siècle. Le parti religieux en Belgique s'est donné la même tâche ; quinze ans, il a lutté contre le régime néerlandais pour l'honneur du principe de la liberté d'enseignement ; aussitôt après sa victoire, il l'a inscrit dans la loi du pays, comme la plus précieuse de ses conquêtes, et, pressé d'en recueillir les fruits, il a fondé par tout le royaume, en peu d'années, des écoles primaires et moyennes, avec lesquelles les établissements similaires que soutient l'état ont peine rivaliser ; L'érection d'une université libre dans la ville de Louvain a couronné son système. Arrivé à ce point suprême de sa longue entreprise, il s'est écarté pour la première fois de ses habitudes de réserve et de prudence, en faisant proposer aux chambres le rétablissement de la main-morte ; il voulait assurer le bénéfice de cette exception à son université, dont l'existence, quoique déjà florissante, sera toujours précaire tant qu'elle n'aura pas une source fixe de revenus. Mais, quand il a vu l'alarme causée par ce retour trop manifeste vers le passé, il s'est ravisé sagement et a fait connaître qu'il renonçait à solliciter un privilège, du moment que le public suspectait ses intentions. Le parti catholique, comme on le voit, est puissant, actif, fortement uni et fortement constitué. Il compte peu de noms ; les évêques, hommes très remarquables pour la plupart, en sont les chefs réels, quoiqu'ils ne se tiennent pas dans la lumière ; l'archevêché de Malines en est le centre. M. de Theux, qui a été fort longtemps ministre, est destiné à recomposer le cabinet, quand l'opinion dont il est le représentant ostensible reviendra au pouvoir. Le parti catholique enfin s'appuie surie peuple des campagnes, suries propriétaires du sol, au nombre desquels se trouve presque toute l'ancienne noblesse, et sur la plupart des villes de second ordre. Le secret de sa force consiste en ceci, que, sans cesser de préserver l'immuabilité du dogme de toute atteinte, il a toujours eu l'habileté de se jeter dans le mouvement temporel, afin de lui imprimer sa propre direction.

Mais cette force même a son côté vulnérable ; il ne lui est pas toujours facile de concilier une combinaison aussi étrange que l'est l'alliance des idées religieuses du moyen-âge avec les théories politiques des temps modernes. C'est ce qui compense jusqu'à un certain point le désavantage de la position du parti libéral, plus passionné, plus vif, quand il attaque, mais à qui manque l'esprit de suite et la discipline si facile à obtenir dans les rangs du catholicisme. Ce parti copie de loin le système d'organisation de son adversaire.

Lui aussi a ses agents d'élection, ses écoles, son université ; mais celle-ci est languissante, et ses ressources matérielles, fondées sur des souscriptions purement patriotiques, ne sont point nourries par la foi qui sait se dépouiller pour la gloire des objets de son culte. Cependant, avec l'appui qu'il trouve dans les grandes villes, et porté comme il l'est par le courant du siècle, auquel il lui suffit de s'abandonner, il parvient à tenir la balance entre lui et son adversaire, et oppose des bornes salutaires à une domination qui pourrait devenir oppressive, si elle ne trouvait plus d'obstacles. Dans le parti libéral, précisément en raison de son défaut de cohésion, les individus ont plus de valeur. MM. Lebeau et Rogier, qui, tous les deux, ont été ministres, en sont les hommes d'état ; M. Levaux, qui ne veut pas des fatigues du pouvoir, a la réputation de diriger du fond de son cabinet, comme rédacteur principal de la *Revue nationale*, et de son banc à la chambre des représentants, la conduite de ses deux amis politiques. M. Verhaegen, également député, est plutôt le tribun du parti ; il est à la tête de la franc-maçonnerie belge, qui, de confrérie fort innocente qu'elle avait toujours été, s'est transformée peu à peu en club central de l'opinion libérale.

Avons-nous besoin de faire remarquer que derrière ces deux partis qui se combattent sans se vaincre jamais, s'agite un des grands problèmes qui divisent la société moderne, qu'il faut y voir la conservation religieuse et morale aux prises avec le progrès ou l'instabilité des idées et des choses, le passé cherchant à se renouer à l'avenir, et que c'est la Belgique qui discute cette puissante question aux portes de la France, et fait sur elle-même, avec ses mœurs et son caractère propre, une épreuve sociale dont les suites intéressent tous les peuples catholiques et constitutionnels ?

Entre ces deux partis, au-dessus d'eux, la mission de la royauté, que l'on pourrait croire sacrifiée, n'est pas la moins belle. Sans la royauté (nous faisons abstraction ici de toute cause extérieure), la Belgique, comme état, n'existerait peut-être pas huit jours. La royauté y est là comme un centre de cohésion qui retient et groupe les forces nationales du pays, toujours prêtes encore à rentrer dans leurs anciens foyers ; car ce qui est nouveau, nous croyons l'avoir prouvé suffisamment, ce n'est pas la nation, c'est l'unité belge. Si la royauté n'existait pas, il viendrait tôt ou tard un moment où les deux grands partis que nous avons nommés seraient conduits fatalement à la nécessité de se vaincre et de se ruiner sans retour. La présence d'une autorité qui leur est supérieure les empêche seule de recourir à cette extrémité. La royauté est si bien le pouvoir modérateur appelé par sa position à les contenir dans de justes bornes, que tout récemment, en 1841, il n'y aurait pas eu d'issue à la crise parlementaire qui renversa le ministère libéral, si par la formation d'un nouveau cabinet, qu'on pourrait nommer le cabinet de la couronne, et qui subsiste encore sous la direction de M. Nothomb, ce pouvoir n'avait évité de donner la victoire à l'un en consommant la chute de l'autre. Mais pour qu'il ait cette influence, il faut qu'il soit respecté. Or, la royauté l'est doublement, parce qu'elle est un besoin, et tout pouvoir nécessaire est fort ; ensuite, parce qu'émanée tout entière de la révolution de septembre, elle est un constant sujet d'orgueil pour ce pays. Le congrès a discuté la forme républicaine et la forme monarchique, et il s'est librement prononcé pour celle-ci, de sorte qu'il n'a laissé aucun prétexte de division, de regret, à une faction démagogique. La royauté belge, devenue la manifestation vivante de l'indépendance nationale, substituée à l'union révolutionnaire des libéraux et des catholiques, dont on pouvait dès 1831 prévoir la dissolution prochaine, c'est donc, en d'autres termes, l'unité nationale, et tout le pays se rallierait sans doute autour d'elle, si des dangers du dehors venaient menacer le maintien de l'œuvre accomplie en 1830 par un effort commun. Il faut aussi faire entrer en ligne de compte les grandes relations personnelles du roi, que des liens de famille unissent aux souverains des deux premières monarchies de l'Occident, son intelligence profonde de la situation du pays et du caractère du peuple sur lequel il a été appelé à régner, et l'usage prudent qu'il fait de son influence entre les deux partis, dont il sera longtemps le conciliateur et l'arbitre. Enfin, pour prouver par un seul fait l'estime qui entoure le trône, nous rappellerons que dans ce pays si essentiellement religieux, après le choix d'un roi protestant, ce qu'il y a de plus remarquable sans contredit, c'est que jamais, à la tribune ni dans la presse, ni même dans le public, il n'a été fait une seule allusion à l'exercice de son culte particulier.

Le rôle du gouvernement n'est que le développement de celui de la royauté. Tous ses efforts doivent tendre et ont tendu en effet jusqu'à ce jour à favoriser la formation de l'unité nationale, à faire du royaume belge un état. Or, les différents ministères qui se sont succédé depuis le commencement du régime actuel, à quelque opinion qu'ils aient appartenu, ont eu ce but devant les yeux, et tous ayant repris l'œuvre commune au point où leurs prédécesseurs l'avaient laissée, le progrès en ce sens n'a pas souffert d'interruption. La pensée constante du gouvernement belge a été d'abord d'en finir avec les difficultés diplomatiques auxquelles l'intrusion d'un peuple nouveau dans le système européen avait donné inévitablement naissance. Quoique impuissante vis-à-vis de la conférence qui a réglé les conditions de son existence légale, la Belgique n'en est pas moins parvenue, par son obstination, à restreindre l'étendue des sacrifices au prix desquels on voulait la lui faire acheter, et ses envoyés ont surtout fait preuve d'une habileté incontestable, quand ils n'ont plus eu à compter qu'avec la Hollande. Le traité conclu entre les deux pays au commencement de cette année vient de fermer enfin la période diplomatique : la séparation des deux peuples est radicale ; on a écarté soigneusement toutes les causes possibles de collision qui auraient pu résulter de l'usage d'un fleuve international et du paiement d'une dette commune ; cette convention enfin est si avantageuse à la Belgique, qu'on a pu croire un moment que les chambres hollandaises refuseraient de la ratifier.

Toutefois le gouvernement n'avait pas attendu la solution de ces difficultés, qui n'ont pas duré moins de douze ans, pour diriger le pays dans sa nouvelle carrière. La création du réseau des chemins de fer est celui de tous ses actes qui a eu le plus de retentissement, qui a le mieux posé le nouveau royaume en Europe : nous nous y arrêterons d'abord. Comme la pensée en remonte à 1833, il est venu prouver aux peuples d'ancienne race que les hommes suscités par une révolution mal comprise avaient dès cette époque le sentiment des besoins d'un état où tout était à refaire, où tout restait à établir. Dans l'insurrection universelle de septembre, le cri de la patrie avait étouffé la voix des intérêts matériels. A ne l'envisager qu'au point de vue des convenances économiques, la formation d'un royaume néerlandais, composé de la Belgique agricole et industrielle d'une part, et de la Hollande maritime et coloniale de l'autre, promettait d'être singulièrement avantageuse aux deux peuples, et le congrès de Vienne avait plus mal parqué d'autres populations. Pendant quinze ans, la Belgique fut un immense atelier monté pour la fabrication des moyens d'échange entre les Indes hollandaises et leur métropole, et le port d'Anvers était devenu, aux dépens de Rotterdam et d'Amsterdam, l'issue naturelle par où les produits d'un florissant travail se dirigeaient vers ces possessions lointaines. Le divorce, consommé de fait en 1830, eut un double résultat immédiat, de relever le commerce du nord et de fermer son unique débouché à l'industrie du midi. A peine la Belgique se fut-elle constituée, qu'elle ressentit le malaise de ce brusque déplacement. Son gouvernement, au sein même des embarras sans nombre qui entravaient sa marche et le forçaient de pourvoir d'abord à l'imprévu de la journée, se mit dès-lors en quête d'une direction nouvelle dans laquelle il pût jeter tant d'activité, et pensa surtout à creuser un autre lit au commerce d'Anvers, dont le cours avait été si brusquement interrompu. Le projet primitif d'un chemin de fer rhénan n'avait pas d'autre but. M. Rogier, ministre de l'intérieur alors, fut le promoteur de cette belle idée, qui consistait à faire d'Anvers l'entrepôt de l'Allemagne, en concurrence avec Rotterdam et Hambourg. Le Rhin descend vers la mer du Nord par les embouchures de La Meuse ; on le ferait dériver dans l'Escaut au moyen de l'une de ces voies récemment inventées, dont les voyageurs qui revenaient d'Angleterre racontaient les prodiges. Le projet avait de la grandeur, assurément ; mais plus d'un problème, d'une solution difficile, en obscurcissait la perspective. Premièrement, l'Allemagne était hostile encore à la Belgique, la Prusse surtout, qui avait à redouter pour ses provinces catholiques du Rhin le contact plus étroit d'un peuple à la fois religieux et révolutionnaire ; puis, le gouvernement central n'avait point la force qu'on lui voit aujourd'hui, et l'on savait l'opinion très peu disposée à confier à l'état des travaux qui, en Angleterre, avaient été entrepris par les capitalistes ; enfin, le trésor était pauvre, et l'avenir financier du pays chargé d'une dette que la diplomatie menaçait de grossir encore. Tous ces obstacles ne rebutèrent point le ministère ; il eut le courage de les aborder de front ; le succès couronna son audace. Il fit décréter le principe de l'exécution d'un projet national par la nation, ne craignit pas de demander à l'emprunt son concours pour une dépense productive, rassura l'Allemagne, et s'en remit au temps du soin de détruire des préventions plus rebelles. La discussion parlementaire étendit considérablement le projet primitif, ainsi que nous l'avons dit déjà. Des amendements qu'il fallut admettre dotèrent chaque ville importante, chaque province jalouse, d'un prolongement de l'artère principale, et la trame du chemin de fer s'ourdit séance par séance. Maintenant, le réseau fixé par la loi du 1er mars 1834 est presque entièrement achevé ; il ne présente de lacune qu'entre Liège et Aix-la-Chapelle, où les difficultés du sol au point culminant de la ligne retardent encore la jonction du Rhin et de l'Escaut. Déjà ce vaste travail a produit de beaux résultats au dehors aussi bien qu'au dedans du pays. Avoir exécuté les premiers sur le continent des voies coûteuses de communication réservées jusqu'alors à la riche Angleterre, et n'avoir point désespéré, dans cette longue entreprise, de la fortune d'un état ébranlé encore par le contre-coup de son orageuse origine, voilà ce qui inspire un grand orgueil aux Belges. Peuple nouveau, ils s'admirent complaisamment dans une œuvre nouvelle. Sous ce rapport, ils ont des traits de ressemblance avec les Anglo-Américains, si remarquables par leur bruyante satisfaction d'eux-mêmes. Mais chez le peuple belge, cet excès d'amour-propre est bien excusable. Plus on

171

le dit faible à côté de ses formidables voisins, plus il sent que cette démonstration toute pacifique de ses ressources et de sa confiance en lui-même l'a placé haut dans l'estime de l'étranger ; il sait qu'il ne pouvait, dans un siècle industriel avant tout, faire plus à propos acte de vie et de nationalité. Il a vu l'Allemagne revenir à lui, la France applaudir aux résultats positifs de sa persévérance, et il est fier de leurs suffrages. Tout à l'heure nous dirons si la pensée primitive du gouvernement belge paraît destinée à se réaliser, si Anvers deviendra en effet le second port de l'Allemagne dans la mer du Nord. Nous voulons dès à présent signaler l'avantage immédiat que la Belgique a recueilli de la construction de ses chemins de fer. C'est chez elle surtout que ces routes si rapides ont réellement supprimé l'espace. Comme dans les parties les plus peuplées du pays les villes s'y rencontrent de cinq lieues en cinq lieues, celles-ci ne sont plus séparées les unes des autres que par quarante minutes de trajet. Le rapprochement a été moral, en même temps que mathématique ; avant peu il aura fait disparaître les anciennes rivalités des cités et des provinces, en rendant désormais leur isolement impossible. Et d'un autre côté, nous l'avouons avec peine, il en résulte que momentanément du moins, la Belgique se trouve rejetée plus loin de la France qu'elle ne l'était naguère. Ainsi, Mons, ville presque française, a reculé vers le nord et touche aux portes de Bruxelles, tandis qu'il y aura comparativement un abîme de distance entre la frontière et Paris aussi longtemps que la vapeur ne l'aura point franchie.

En même temps qu'il posait les bases de cette utile entreprise, le gouvernement belge s'appliquait à favoriser, dans la limite de son action, les progrès du génie national. Ici les circonstances vinrent en aide à sa bonne volonté, car l'essor de l'intelligence ne se décrète pas comme les travaux de l'industrie. Il se trouva que le mouvement des esprits avait accompagné parallèlement celui de la révolution. Au moment où ce pays se préparait pour le combat qui le devait élever au rang de peuple, un autre fait, témoignage moins éclatant, mais plus irrécusable peut-être de sa régénération, s'accomplissait dans une sphère supérieure. Nous voulons parler de la renaissance de l'art flamand ; cet évènement remonte à l'année qui précéda l'explosion révolutionnaire. Sous le gouvernement de la maison d'Autriche, tout s'était éteint successivement en Belgique, la peinture, cet art essentiellement indigène, comme le reste. D'ailleurs, le passage du XVIIIe siècle fut marqué partout en Europe par la décadence des grandes écoles. La peinture flamande laissa se rompre alors la chaîne de ses traditions qui s'était perpétuée jusque bien après la mort de Rubens. Au temps où la Belgique fut absorbée par la république française, il n'y existait plus d'école proprement dite, il n'y restait plus rien qui pût combattre l'influence de David, dont la domination n'était bonne que pour un pays où l'art avait été forcé de revenir, par le rigorisme du style classique, à la conscience de sa dignité. Ce style fit donc invasion dans la patrie de Rubens à la suite de l'armée conquérante ; aucune manière cependant ne pouvait être plus contraire à la nature du génie flamand que la sécheresse pompeuse d'un pareil maître. Maladroitement imitée, elle ne parvint pas à produire, dans l'espace de vingt-cinq années, un seul peintre d'histoire dont les tableaux supportent aujourd'hui l'examen. Elle eut au moins pour effet indirect de ranimer le goût de la grande peinture ; les ateliers se rouvrirent ; parmi les élèves qui s'y formaient, l'instinct rebuté d'un seul, en s'égarant à l'aventure, pouvait retrouver les anciennes traces et déterminer une heureuse réaction. C'est ce qui arriva : une toile exposée au salon de Bruxelles en 1829 par un jeune homme inconnu, M. Gustaf Wappers, produisit une sensation extraordinaire. Sans avoir consulté personne, n'écoutant que sa passion pour le dernier maître qui eût glorifié le génie national, et fuyant la poétique aride qui subjuguait encore les disciples de l'exilé, il était retourné à Rubens, avait retrempé son pinceau dans les véritables sources du coloris, et, par *le Bourgmestre de Leyde*, fruit de cette silencieuse inspiration, il venait de prendre date. Ainsi fut renouée la continuité de l'art flamand, interrompue depuis plus d'un siècle, et cet instant fut si décisif, la témérité de M. Wappers fut si bien une révélation, qu'en moins de trois ans des peintres d'un mérite aujourd'hui considérable avaient paru en foule et constitué la nouvelle école belge, l'une des plus fécondes qu'il y ait à présent en Europe. Nous citerons parmi les noms qu'elle compte, outre M. Wappers, dans le genre historique, MM. Gallait et de Keyzer, dans le genre

174

proprement dit MM. Leys, de Block, dans la peinture des bestiaux M. Verboeckhoven etc.

Ce qu'il y a de vraiment remarquable, pour rentrer plus particulièrement dans notre sujet, c'est que cette coïncidence du réveil de l'art et de la nationalité belge répète un fait qui s'était reproduit déjà dans des temps bien antérieurs. La peinture moderne, née avec l'architecture chrétienne, en a suivi de près toutes les transformations. Or, les deux peuples qui jouissaient d'une certaine indépendance et d'une liberté relative au milieu de la servitude du moyen-âge, les Italiens et les Flamands, sont précisément ceux qui, les premiers et les derniers dans la période catholique, ont cultivé avec le plus de succès ces deux branches de l'art. Au XIVe siècle, époque de la splendeur des communes belges, en même temps que les architectes achevaient de bâtir les cathédrales, les beffrois et les hôtels-de-ville, une école de peinture déjà nombreuse préludait à l'âge d'or dont Philippe-le-Bon fut le Périclès et qu'illustrèrent Jean Van-Eyck, l'inventeur de la peinture à l'huile (plus connu en France sous le nom de Jean de Bruges), Hubert Van-Eyck, son frère, et le suave Memling, lequel est aux deux premiers ce que le Pérugin est à Giotto et à Cimabuë. Leur école embrasse toute la phase gothique de l'art et se prolonge en Allemagne par Albert Dürer, qui en dérive évidemment, jusque dans les premières années du XVIe siècle. Sous le règne de Charles- Quint, bien moins favorable que celui de la maison de Bourgogne l'expansion de la nationalité flamande, une école de transition s'élève où l'imitation de Raphaël domine, et qui va au travers des troubles de la réforme, pendant lesquels l'art subit une sorte d'éclipse, depuis Bernard Van-Orley, l'un des meilleurs élèves flamands de Sanzio jusqu'à Otto Vénius, le maître de Rubens. Puis ces troubles s'apaisent, l'Espagne promet une sorte d'indépendance à la Belgique pacifiée ; aussitôt le grand Pierre-Paul paraît, et avec lui Van-Dyck, Jordaens, Crayer, Téniers et toute la pléiade brillante de ses contemporains dont il serait superflu de redire les noms. Mais dès que s'est évanouie la lueur de liberté dont l'administration trop courte des archiducs avait flatté l'espoir du peuple belge, toutes ces constellations s'éteignent à la fois. Ainsi l'art s'élève et s'abaisse avec les chances heureuses ou contraires d'une nationalité incertaine, et lorsque le traité d'Utrecht semble avoir comprimé l'une sans retour, l'autre meurt tout-à-fait pour ne renaître qu'un grand siècle plus tard, avec elle, et la veille de sa révolution ; et dernière particularité, qui caractérise bien le patient amour des Belges pour leurs traditions, c'est précisément à Anvers, dans la ville où brilla Rubens, sous le regard pour ainsi dire de cette grande ombre, que l'école s'est reformée. Elle a fait de cette pittoresque cité la Mecque de la peinture flamande ; c'est là que les disciples vont terminer leurs études, c'est de là qu'ils retournent répandre dans leurs provinces le culte d'un art redevenu une seconde religion pour le pays tout entier. N'oublions pas de constater que la sculpture ou plutôt la statuaire a vu apparaître vers la même époque des artistes dignes de recueillir l'héritage de Duquesnoy. Parmi eux, MM.

Guillaume Geefs, Joseph son frère, et Simonis, brillent au premier rang.

Si nous voulions rassembler en un seul faisceau toutes les preuves du mouvement extraordinaire qui s'est manifesté dans toutes les régions de l'art belge, nous citerions avec plus de détails l'intelligente restauration des monuments du passé, les effigies des grands hommes dressées dans leurs villes natales ; nous parlerions du réveil d'un autre art national qui revendique le beau nom de Grétry : car, pour n'insister sur ce point qu'en passant, n'est-il pas a moins très remarquable qu'un pays d'une aussi médiocre étendue ait produit lui seul, en dix années, plus d'instrumentistes célèbres que tout le reste de l'Europe Les noms si connus de Batta, Vieuxtemps, Hauman, Servais, datent tous, en effet, de la même époque.

La littérature n'a pas suivi, elle ne pouvait suivre cet élan rapide. La raison en est facile à comprendre, et pour qui voudra réfléchir aux circonstances particulières où le peuple belge s'est trouvé jeté depuis sa naissance, son infirmité constante, sa nullité même, sous ce rapport, ne prouvera point contre sa nationalité. Dans un pays où deux idiomes sont en présence et se confondent parfois, où leurs patois remontent trop souvent jusqu'à la couche moyenne de la société, il n'y a pas de littérature possible. C'est l'instrument, dans ce cas, et non le génie propre qui manque. La Belgique en est là. Cependant la langue française y gagne du terrain et refoule peu à peu le flamand dans le peuple, malgré la résistance singulière d'une petite coterie qui voudrait l'élever jusqu'au rang d'idiome littéraire, résistance qui, soit dit en passant, s'appuie toujours sur le respect du pays pour des habitudes séculaires. Nous ne pouvons dire encore si, du jour où les hommes de quelque portée dans la partie flamande auront renoncé de bonne grâce à une langue sans avenir et qui partage inutilement leurs facultés de style, la Belgique aura une littérature ; elle l'espère du moins. Jusqu'à présent, elle n'a que des écrivains en petit nombre et d'une modeste valeur dont la contrefaçon arrête encore l'essor. En attendant meilleur avenir, c'est vers les recherches historiques que s'est portée toute l'activité des esprits. Dans chaque ville où il y a des dépôts de manuscrits et de chartes, des compilateurs patients rendent successivement les vieilles annales à la lumière. Ce qui s'oppose à ce qu'il paraisse encore un historien, c'est que ce peuple, qui se possède depuis si peu de temps, a le faible des parvenus, et tâche de persuader aux autres, comme il se persuade à lui-même, qu'il a une histoire à lui seul et qu'elle ne s'est interrompue jamais. Quand il sera revenu de ce travers, du reste bien concevable, les matériaux seront prêts pour les monuments historiques qui manquent à son véritable passé, et s'il parvient à se créer une forte littérature avec une langue qui n'est pas exclusivement la sienne, c'est par ces travaux solides qu'il commencera. Il est vraiment regrettable que le tourbillon politique ait détourné de sa vocation première la génération qui s'élevait en 1829. Des esprits tels que M. Vandeweyer, ambassadeur à Londres, tout entier alors aux études philosophiques, et M. Nothomb, auteur d'une *Histoire de la Révolution belge*, aujourd'hui chef du cabinet, auraient depuis longtemps devancé notre prophétie.

Chapitre 2

Nous venons de réunir à peu prés tous les témoignages de vie, tous les symptômes de nationalité que nous avions découverts depuis longtemps chez le peuple belge : son existence d'autrefois, ses travaux actuels, les différences sensibles qui le séparent dans la vie politique, morale, intellectuelle, de la famille française, tout ce qui lui fait enfin un caractère et un génie à part. Il nous reste à dire notre sentiment sur l'avenir de cette nationalité. C'est ici que nous redoublerons de franchise. Il importe à la France de connaître la vérité, nous l'avons dit dés le début ; il faut qu'elle sache ce qu'il y a de solide et de réel au fond de ce fait nouveau, la Belgique indépendante, afin de l'ajuster à ses propres plans d'avenir.

Le problème embrasse deux questions principales. Dans l'hypothèse de la durée du système européen où la diplomatie lui a fixé enfin une place, la Belgique peut-elle exister par elle-même ? Durant aussi longtemps que ce système, n'est-elle point destinée à disparaître dans la fumée du premier coup de canon qui sera tiré sur le continent ? Nous séparerons ces deux questions pour plus de clarté, et nous allons traiter la première.

Il y a une opinion en France (et elle ne s'arrête pas aux limites de tel ou tel parti) qui n'a pu se décider encore à prendre la Belgique au sérieux, et croit toujours qu'il suffira en tout temps pont la faire rentrer dans l'unité française, que les circonstances permettent enfin le remaniement de l'Europe. Cette opinion est considérable à nos yeux, puisqu'elle est l'expression d'un sentiment national. Nous désirons, sans l'espérer, que nos paroles lui aient prouvé qu'elle se nourrit d'une illusion dangereuse même pour la France, en ce qu'elle l'enraie dans les anciennes ornières de sa politique conquérante.

Mais il est une autre opinion plus grave que nous tenons surtout à éclairer : c'est celle qui, sans nier absolument qu'un peuple pouvait s'élever au-delà de la frontière du nord à la faveur des évènements diplomatiques survenus après 1830, pense que géographiquement la Belgique n'est pas née viable, qu'elle ne saurait dénouer toute seule les difficultés de sa situation industrielle et commerciale, qu'entraînée irrésistiblement par la pente des intérêts matériels, elle devra tôt ou tard, au sein même de la paix, se jeter dans les bras de celui de ses voisins qui peut le mieux le satisfaire. C'est à cette dernière opinion que nous soumettons les considérations qu'on va lire.

La position du nouvel état belge en face des intérêts matériels, la voici en peu de mots. Des industries créées par le blocus continental, démesurément accrues par l'action directe du roi Guillaume Ier, se sont trouvées tout à coup hermétiquement enfermées, lorsqu'une barrière infranchissable est venue s'élever entre elles et leur débouché unique, la Hollande. Comme un flot qui ne cesse de monter, ces industries battent les murs de leur prison, et ne parviennent encore à déverser leur trop-plein que par d'insuffisantes échappées. Ce qu'il leur faut, c'est une voie large et régulière d'écoulement ; ce qu'elles demandent, c'est qu'on retourne l'ouverture du fer à cheval que formait la ligne des douanes sous le régime précédent, du côté du peuple qui voudra bien abaisser sa digue. Deux directions s'offrent à elles, la France et l'Allemagne, et si toutes les deux leur manquent, un pis-aller, la mer avec ses marchés lointains. Voilà la situation industrielle de la Belgique nettement définie, je pense. Son gouvernement l'a comprise, comme nous l'avons fait voir, dès le lendemain de la révolution. Sans doute, en notre siècle, l'industrie a la voix haute ; tous les foyers qu'elle a établis dans chacune des provinces méridionales de l'ancien royaume retentissent de ses plaintes : ce sont les bassins houillers de Mons, de Charleroi et de la Meuse, les verreries de la Sambre, les usines è fer de Liège, de Namur et du Luxembourg, les grands ateliers de machines à Seraing, à Bruxelles et à Gand, les manufactures de coton de cette dernière ville, la fabrique des toiles dont Courtray est le centre, la draperie de Verviers enfin. La Belgique entière écoute tour à tour leurs doléances, même lorsqu'elles exagèrent le mal ; mais il est une voix plus puissante qui domine et qui dominera toujours ces clameurs, c'est la voix de son indépendance, si jalouse et si vigilante qu'elle aperçoit une arrière-pensée dans toutes les avances que ses voisins semblent lui faire. Ceux qui espèrent que la nationalité belge viendra échouer contre l'écueil de la question industrielle, ne connaissent pas la mesure des sacrifices que ce peuple, avec le tour particulier de son caractère et sa persistance de volonté, est capable de s'imposer par amour pour son propre ouvrage.

Que l'on réfléchisse bien è ceci. Un peuple, s'il est réellement un peuple, n'abdique aucun de ses droits, ne se met pas à la merci d'une nation plus puissante, ne se suicide point, en un mot, pour quelques millions de quintaux de fer ou de houille qu'il ne trouve pas à placer. Quelque malaise qu'il en éprouve, il consent à souffrir pourvu qu'il soit : *c'est assez, il est plus que content*. Nous qui connaissons la Belgique, qui avons assisté à sa régénération, qui la voyons agir, qui l'étudions sérieusement tous les jours, nous savons qu'elle a une soif impérieuse d'être qui fera toujours taire ses autres besoins. N'oublions pas que des incompatibilités d'un ordre purement moral ont été assez puissantes en 1830, pour la décider à l'abandon complet de tous les avantages matériels qu'elle retirait de son union avec la Hollande ; combien, après douze ans passés dans l'indépendance, est-elle plus loin encore de vouloir reprendre une chaîne dorée ! Mais ce petit peuple ne tient pas seulement à sa liberté pour la satisfaction stérile de n'appartenir à personne ; c'est qu'elle lui est indispensable pour le maintien de ses mœurs, pour la préservation de ses croyances, pour le développement régulier de son génie. Nous croyons l'avoir démontré suffisamment, aucun peuple n'est plus occupé que lui dans la sphère des idées pratiques ; il s'est préparé du travail pour plus d'un siècle, et non-seulement il est dévoré du désir de vivre, mais il est intéressant pour le reste de la civilisation qu'il vive. Dominé par ses besoins moraux, fût-il réduit à l'une de ces extrémités où les nations plus vieilles et plus fatiguées capitulent avec leur nécessité de repos et de bien-être, il n'aliénera jamais de son propre mouvement aucun des droits précieux qu'il est fier d'avoir conquis. Comme après tout un pays ne meurt pas de pléthore, et qu'à la rigueur il peut toujours éteindre une partie de ses fourneaux, fermer quelques ateliers et pourvoir, avec les grandes ressources qui lui restent, aux souffrances de la classe ouvrière pendant le déplacement du travail, il ne balancerait point à prendre ce parti héroïque, si on lui mettait le marché à la main, imitant ainsi l'exemple d'un équipage en péril qui jette une riche cargaison à la mer pour sauver le navire. Mais il n'est pas probable que les choses en viennent là : un malaise qui a duré douze ans sans amoindrir les fortunes, sans arrêter la marche ascendante de la richesse publique, n'aboutit point d'ordinaire à une pareille crise.

La Belgique ne périra donc point par la question industrielle ; mais il n'en importe pas moins à sa prospérité future qu'elle la résolve le plus tôt possible. La période de la diplomatie politique est finie pour elle ; elle voudrait fermer avec le même bonheur celle de la diplomatie commerciale. Malheureusement, le soin de son indépendance ne lui permet pas de marcher librement dans cette voie. Celui de ses voisins vers lequel tous ses intérêts matériels l'attirent est celui qu'elle redoute le plus. Son instinct lui dit que le grand peuple dont elle arrête la frontière au nord, n'a pas renoncé à reconstruire, même par des moyens nouveaux, le colossal édifice d'un empire terminé au

Rhin, quelle est pour lui un objet constant de convoitise, et qu'un double péril la menace de son côté, la guerre et l'absorption pacifique. La guerre, quoique les signes du temps paraissent en reculer de plus en plus l'éventualité, elle sent bien qu'un accident inattendu, ce *grain de sable* qui parfois change la face du monde, peut d'un moment à l'autre la faire éclater et ramener pour elle les chances d'asservissement. L'absorption politique, tout à l'heure on lui en a jeté imprudemment la menace, et c'est par la fusion, par la solidarité des intérêts industriels des deux pays, qu'on prétend l'opérer. C'est cette double crainte qui la préoccupe dans tous les actes de sa politique commerciale. Et nous disons même, car nous ne voulons rien dissimuler, qu'en Belgique le sentiment national se complique, par cette cause, d'une constante défiance des vues ambitieuses de la France et d'une jalousie maladive de sa supériorité accablante sous tant de rapports. Le langage habituel des publicistes parisiens, des paroles trop significatives lancées du haut de la tribune française par des orateurs et même des hommes d'état dont on sait l'influence, n'ont pas peu contribué à justifier ses ombrages. Il faut qu'on veuille bien les concevoir et les excuser en France. Si la nation belge a une vitalité réelle, il est naturel qu'elle s'indigne du dédain qu'on lui montre, et qu'elle redoute la conquête ou l'absorption dont on promène sous ses yeux le fantôme. La peur raisonne parfois, quoi qu'on en dise ; la susceptibilité nationale des Belges ne s'effarouche si vite que parce qu'ils voient leur destinée indirectement fixée à celle de la

France, que parce qu'ils recevront toujours les premiers le contre-coup de toutes ses agitations. Il en résulte que tous leurs hommes politiques, tous ceux dont la vie s'est encadrée dans le nouvel ordre de choses que la révolution de septembre a créé, cherchant des points d'appui à l'indépendance de leur pays, du côté où l'avenir parait moins menacé, sont par position et par patriotisme anti-français (sans que nous voulions attacher à cette désignation aucune nuance de haine) ; et quel que soit le parti dont ils suivent le drapeau, tous s'accordent merveilleusement sur ce point. Les catholiques et les libéraux entretiennent le même sentiment de réserve et d'inquiétude vis-à-vis de la France ; les premiers craignent son scepticisme philosophique ; les seconds veulent bien partager ses idées, mais non pas sa fortune ; tous croient à tort ou à raison que l'avenir de la Belgique est sur son chemin, et qu'elle n'aspire qu'à y mettre un terme. Sur ce terrain-là, MM. Rogier, Lebeau, Devaux, Verhaegen, Nothomb et de Theux se donnent la main sans distinction de couleur politique, et les voix dont ils disposent dans les chambres se réunissent avec eux pour approuver tout ce qui peut tendre à dégager plus nettement les intérêts personnels du pays des intérêts généraux de la France.

Voilà ce qui explique la direction suivie par le gouvernement belge dans toutes ses négociations commerciales avec l'étranger. Des trois portes assiégées par l'industrie et dont nous avons parlé plus haut, la plus large, la plus nécessaire, celle de la France, est la dernière à laquelle il soit allé frapper. Il s'est réconcilié franchement avec la Hollande, parce qu'il sait bien que si au fond du cœur le roi actuel n'a peut-être pas abandonné l'espoir de reformer l'ancien royaume des Pays-Bas, son peuple se prononcerait contre toute velléité de restauration, au point de recommencer, s'il le fallait, l'ancienne querelle de la république et du stathoudérat. Il caresse l'Allemagne, et surtout la Prusse, qui forme dès à présent la tête du grand corps germanique, parce qu'elle a une cause commune à défendre sur le Rhin. La construction d'un chemin de fer rhénan a été en partie le produit de cette pensée constante. Plutôt que d'offrir Anvers au commerce français en compensation d'avantages trop chèrement payés, il le livre gratuitement à l'Allemagne. Il attire les États-Unis vers l'Escaut par l'établissement coûteux d'une ligne transatlantique de bateaux à vapeur. Il encourage la fondation d'une colonie dans les solitudes de l'Amérique centrale ; il conclut des traités de commerce avec l'Espagne, avec la Turquie, avec les républiques et les empires du Nouveau-Monde, et semble enfin n'avoir de plus ardente envie que de hâter le jour où le pays pourrait se passer des relations commerciales de la France. Si le patriotisme du gouvernement belge se trompe, son erreur est trop respectable, elle prouve trop de quels soins jaloux il entoure l'intégrité nationale pour qu'on soit fondé à y trouver un sujet de récriminations et de blâme. Mais jugeons de sang-froid la portée de tous les actes que nous venons d'énumérer.

La Hollande, quoique sincèrement réconciliée avec la Belgique, n'accordera aux produits de ce pays aucune préférence sur ceux de l'Angleterre. Les traités de commerce avec un autre continent ne garantissent pas de la formidable concurrence anglaise. La colonie dans le Guatimala est encore à naître. Les États-Unis ne feront d'Anvers un entrepôt pour leurs cotons que s'ils trouvent à en alimenter l'Allemagne par cette voie, possibilité qui dépend de l'avenir du chemin de fer rhénan. C'est donc là le seul point qui mérite de fixer l'attention du public français. Quoique cette belle voie de communication ne puisse manquer assurément d'être utile aux deux peuples qu'elle rapproche, elle ne nous parait pas devoir établir entre eux l'intimité de relations commerciales qu'on s'en promettait naguère. Les fleuves d'une navigabilité facile conserveront toujours sur les voies ferrées l'avantage du bon marché ; car la vitesse importe plus aux voyageurs qu'aux marchandises. Il n'est pas probable que la Hollande voie le commerce du Rhin lui échapper par la saignée qu'on a voulu pratiquer, de Cologne à Anvers, à cette artère fluviale de l'Allemagne. La route de fer, sur laquelle le transport des marchandises sera toujours beaucoup plus dispendieux, n'en attirerait à elle le monopole que si Anvers devenait l'un des ports du *Zoll-Verein*. Or, la Prusse a déclaré que cette union douanière est exclusivement allemande et n'admettra aucun peuple étranger dans son sein. Il nous semble qu'en repoussant aussi nettement les avances de la Belgique, l'Allemagne vient de paralyser en partie les futurs bienfaits d'une jonction entre le Rhin et l'Escaut. Pour que l'un des deux fleuves se détourne réellement dans l'autre, il faut que la ligne des douanes du *Zoll-Verein ne vienne pas élever un barrage au milieu de ce nouveau canal. Autrement Hambourg conservera ses droits de port allemand, et Rotterdam ses privilèges de position acquis par un long usage.*

Cependant les hommes d'état belges persistent à reculer vers l'Allemagne, dans le dessein d'échapper à l'ascendant de la France. Cette manifestation nous semble trop affectée pour que, fidèle à notre promesse d'être impartial, nous ne la réduisions pas à sa juste valeur. Sous le rapport de la fraternité internationale, la Belgique a encore moins à espérer de ce côté-là ; ceux qui font des avances à la Prusse le savent bien eux-mêmes. Si ce n'est parfois sur le terrain de la religion, il n'y a ni points de contact, ni sympathies réelles entre les Belges et les Allemands des provinces prussiennes : vie politique, forme de gouvernement, langage, tout entre eux diffère. Un cordon de populations wallonnes isole la Flandre de la race teutonique, avec laquelle elle seule a quelque analogie, lui fait une frontière morale et garantit le pays tout entier d'une fusion qu'un très petit nombre d'hommes ont pu rêver sérieusement, mais qui ne s'opérera jamais. Il n'y a pas une idée enfin qui passe du mouvement germanique dans le mouvement belge ; ce fait intellectuel dit tout.

En revanche, tous ses intérêts comme toutes ses sympathies réelles portent le peuple belge vers la large base sur laquelle il s'appuie, du côté de la France ; c'est de là que lui viennent l'air et les grandes idées ; c'est par là que débouchent ses principales industries du fond de l'impasse où les évènements de 1830 les ont acculées. Il faudra donc que son gouvernement, après le long détour qu'il a fait pour fuir cette nécessité, y revienne ramené par les véritables besoins du pays. Conclue de peuple à peuple, l'union commerciale avec la France serait une alliance de raison et d'inclination à la fois. La Belgique en accueillait la perspective avec transport parce que c'est elle en effet qui y gagnerait le plus ; mais depuis la menace d'absorption imprudemment jetée par la presse parisienne, elle n'a pas vu sans déplaisir les droits acquis dicter d'inacceptables conditions au gouvernement français. C'est que, l'absorption politique se formulant à ses yeux en tentative d'absorption nationale, elle recule devant une lutte disproportionnée ; elle a peur de signer un traité de Méthuen, qui la ferait descendre peut-être jusqu'à l'état d'abjection et de dépendance où l'Angleterre, pour prix d'un privilège accordé à des huiles, à des vins, avait su plonger le Portugal. Le gouvernement belge exploitera cette défiance, et tant que les causes qui y ont donné lieu n'auront pas été écartées, il pourra faire ajourner l'espoir de l'union commerciale.

Pour que cette union puisse s'accomplir entre la Belgique et la France, il nous semble donc indispensable auparavant que les rapports politiques des deux pays soient nettement définis et que le plus nouveau voie prévaloir chez l'autre l'opinion favorable à sa durée ; cette assurance est d'autant plus nécessaire au petit peuple belge que, malgré lui, malgré ses hommes d'état, le problème de son avenir revient toujours se concentrer dans cet étroit espace. Il aura beau faire, sa fortune est inévitablement liée à celle de la France, il ne peut secouer l'influence de suprématie que les grandes nations exercent sur leurs voisins plus faibles et se soustraire aux conséquences de son origine, qui l'a placé à toujours dans la sphère d'action, ou, pour nous servir d'un terme plus énergique, dans le tourbillon de la puissance française en Europe ; il est prédestiné à être son auxiliaire passif, à la prolonger sur l'Escaut, comme un ministre le disait hier à la tribune, mais il voudrait que ce fût librement et dans la mesure de ses forces et de son intérêt propre ; il voudrait passer, la nationalité sauve, les jours mauvais qui peuvent revenir encore.

C'est à la France de juger si elle peut accorder les avantages de l'union commerciale à un peuple libre, ou si elle s'eut faire de l'abandon futur de la nationalité la condition absolue de cette faveur. On nous demandera quel profit trouverait sa politique dans le cas où elle adopterait le premier parti. Nous pensons qu'elle recueillerait plus tard amplement la récompense de sa générosité ; il nous semble qu'un peuple frère, allié intime de la France et servant d'avant-garde à la révolution, vaudrait mieux cent fois aux heures du péril commun que neuf départements où il faudrait commencer par tarir toute force et toute sève patriotiques avant d'y transfuser le sang d'une autre nationalité. La Belgique, confiante dans la parole de la France, satisfaite de vivre de sa vie intérieure, s'apaiserait tout d'un coup ; ses défiances et ses craintes, qui partent d'une susceptibilité exagérée peut-être, s'effaceraient à l'instant même ; l'union des intérêts matériels serait accueillie par elle avec un enthousiasme sans mélange, et il s'établirait dès ce jour entre la nation souveraine par la puissance et par les idées, et le petit peuple volontairement placé sous son noble protectorat, des relations de voisinage, une solidarité d'avenir, une affinité sociale bien plus profitables pour tous deux qu'une absorption déguisée, ou consacrée un moment par la force qui consacre tout.

Quant à la seconde question que présente l'avenir de l'état belge, à savoir les chances qu'il a de survivre à une guerre européenne, celle-là dépend entièrement de la France. Si une conflagration universelle éclatait, tout porte à croire que les autres puissances qui ont contribué à fonder ce royaume le conserveraient, parce qu'il est la dernière des combinaisons possibles en dehors d'une réunion redoutée, et qu'elles espéreraient toujours de le retourner contre leur grand adversaire. Mais son intérêt immédiat, à défaut de tout autre motif, interdirait à la Belgique de tremper dans une ingratitude dont elle serait la première victime. Sa ligne de conduite au milieu d'une semblable crise lui est tracée par sa faiblesse. Respectée, elle ne fournirait aucun prétexte d'invasion à ses ambitieux voisins. Spectatrice d'un combat auquel la prudence lui défendrait de se mêler, elle ne prendrait parti sans doute que si le principe même des révolutions d'où elle est sortie était mis en péril. Attaquée chez elle, elle opposerait à ses agresseurs un rempart d'opinion que la civilisation protège, que la France la première, à raison des nobles principes dont elle est l'apôtre, est tenue de reconnaître, le rempart de sa nationalité. Plus il s'écoulera de temps avant que la paix européenne ne soit troublée, plus cette nationalité se développera et prendra de consistance autour de l'unité dont nous avons essayé de décrire les progrès ; et le jour viendra bientôt où la suppression de la Belgique ne serait en définitive que la compression de ce qui, tôt ou tard, éclate et déborde, je veux dire d'un véritable peuple.

Il se peut encore que la Belgique disparaisse dans une de ces convulsions universelles que notre époque a vues, et dont la Providence l'a préservée il y a douze ans. Mais de quelque part que vînt le coup qui la renverserait, quelle que fût la puissance qui en accroîtrait son territoire, et dût celle-ci chercher à la tromper sur son abaissement par la promesse fondée d'une prospérité nouvelle, cette petite nation a déjà trop savouré le fruit de l'indépendance pour se consoler plus tard de l'avoir perdue sans retour. Désormais plus qu'à aucune période de son histoire, elle serait une cause d'inquiétude et d'affaiblissement pour le peuple qui l'aurait asservie. Ses maîtres auraient beau lui crier qu'elle était misérable et incertaine du lendemain ; comme cette femme à qui l'on rappelait sa jeunesse pauvre et obscure, elle répondrait que c'était là son temps de splendeur et de félicité, et sans motif, sans provocation, sans espoir, elle ferait comme a fait la Pologne, comme font tous les peuples fiers qui ont respiré un seul jour l'air pur de la liberté, elle s'insurgerait pour la joie funeste d'une heure de vengeance. Enfin, pour tout résumer en deux mots, la Belgique nous semble ne pouvoir plus être désormais qu'une nation libre ou une Irlande.